Bei den Demonstrationen im Jahr 2000 gegen die Rechtsregierung in Wien ging immer ein junges Paar. Sie trugen ein Plakat mit sich: »Gegen die tägliche Beleidigung« stand auf den Deckel einer Obstkiste geschrieben. Sie trugen das Plakat gemeinsam, eng aneinander gelehnt. Gegen die Verächtlichkeit von Macht ging es da. Gegen die sichtbare Beleidigung aller außerhalb der Gemeinschaft der Mächtigen. Aber wie kommt es zu Macht? In welchen Verhüllungen und Verkleidungen tritt sie auf?

Marlene Streeruwitz übersetzt in einem Streifzug durch Texte der Hochkultur und des Trivialen diese Texte ins Wörtliche und kommt so der Architektur der Macht auf die Spur. Das ist eine leidenschaftliche Reise mit Hilfe von Verlangsamung und Untertönung, die Frage entlang, wie die Erzählung von der Macht weitergegeben wird. Das Ergebnis ist eine vorsichtige Eroberung ertragbarer Unsicherheiten und die Erkenntnisse daraus.

Der Band versammelt Vorlesungen und Vorträge aus den Jahren 2000 bis 2004.

Marlene Streeruwitz ist eine der wichtigsten Stimmen in der deutschsprachigen Literatur. Sie lebt in Wien und Berlin.

Im S. Fischer Verlag und im Fischer Taschenbuch Verlag sind lieferbar die Romane »Verführungen.«, »Lisa's Liebe.«, »Nachwelt.«, »Partygirl.« und »Jessica, 30.« sowie die Erzählungen »Majakowskiring.«, »Norma Desmond.« und die Novelle »morire in levitate.«. Der Band »Waikiki-Beach. Und andere Orte.« enthält die gesammelten Theaterstücke.

Marlene Streeruwitz

Gegen die tägliche Beleidigung.

Vorlesungen.

S. Fischer

www.marlenestreeruwitz.at

© 2004 S. Fischer Verlag GmbH, Frankfurt am Main
Satz: H & G Herstellung, Hamburg
Druck und Bindung: Clausen & Bosse, Leck
Printed in Germany
ISBN 3-10-074428-4

Vom Leben der Hamster in Schuhschachteln.

Schuhschachtel 1.

Mir waren sie immer fremd. Wenn sie so auf der Hand lagen. Diese zuckenden Körperchen. Die Knochen durch das weiche Fell zu spüren. Angespannt zitternd suchten sie Fluchtwege. Irgendwohin. Und dann krochen sie unter den Ärmel der Strickweste und liefen den Arm hinauf. »Goldig« war damals der Ausruf des Entzückens. Die kleinen Hamster waren »goldig«. Sie waren ja auch Goldhamster. Und zum Krabbeln unter der Strickweste hatte man zu lächeln und in diesem herablassend mitleidigen Ton der Tierliebe »Ja. Ist der goldig.« auszurufen. Hamster waren immer männlich, auch wenn die Weiblichkeit durch meist Erstaunen auslösenden Hamsternachwuchs nachgewiesen war. Es gab keine Bezeichnung für die Hamsterin, und deshalb gab es nie den Ausruf »Jö. Ist die goldig.«.

Was lernten wir von den Goldhamstern, die in Schuhschachteln nach Hause getragen wurden. Wir sollten ja etwas lernen. Auch wenn die Hamster schon am ersten Abend tot in der Schuhschachtel lagen. Nun. Der Zeit entsprechend lernten wir eine Menge rhetorischer Figuren. Wir lernten Kolonialisierung zu sentimentalisieren. Wir lernten Inbesitznahme der Tiere als Tierliebe zu bezeichnen. Wir lernten verständnisloses und unwissendes Ansehen des Objekts als Zuwendung zu bezeichnen. Wir lernten den Aneignungssatz »Jö. Ist der goldig.« als die richtigere und daher objektivere Weltbeschreibung zu sehen. Und wir lernten den Tod als unabwendbare Notwendigkeit akzeptieren. Das hieß dann Verantwortungsbewusstsein. Mit gesenktem Kopf dastehen und zur Kenntnis nehmen, dass nun auch dieser

Hamster nicht mehr lebte. Wir lernten daran die Ersetzbarkeit von Liebe. Wenn der »Goldi« tot war, wurde der »Hansi« gekauft. In aller »Menschlichkeit« hatten unsere weichen Kinderherzen eine Lektion in Krieg erhalten. Ganz nebenbei waren wir in der Konstruktion eines fremden Anderen unterwiesen worden. In aller Trautheit hatten wir gelernt, mit dieser Konstruktion eine reale Inbesitznahme zu inszenieren. Und in der notwendigen Akzeptanz des Todes des kleinen Goldhamsters, der an dieser Inbesitznahme zugrunde gehen musste. In dieser Akzeptanz lernten wir töten. Ein bisschen nur. Aber doch genug, die Tötungsvokabeln weiterzugeben. Ohne die Worte ginge die Tat ja vielleicht nicht, und deshalb müssen die sprachlichen Ressourcen der Gewalt jeweils bekannt gehalten werden. Im Aufrechterhalten des Satzes, dass gestorben werden muss, wird der Vorgang des Sterben-Müssens erhalten. Und dabei wird heute auch im Reden von »Endsiegen« und von »totalem Erledigen des Feindes« – we'll smoke them out and hunt them down – weiter verschwiegen, was uns Kindern schon nicht erklärt worden war: Die Hamster wurden ja gezüchtet, um, von uns falsch gehalten, rasch zu versterben und zu einem möglichst raschen Neukauf eines weiteren Tieres zu führen. Die Hamster wurden also fürs Sterben gezüchtet. Nicht fürs Leben. Und wie ich der Kleintierforschung entnehme, ändert auch der artgerechte Käfig nichts daran. Der Stress der Tiere, der sich im Zittern ausdrückt und zum baldigen Herzversagen führt. Also genau jenes Zittern, das uns als Freude des Tieres über uns und unsere Zuwendung verkauft wurde: »Jö schön. Wie der sich freut. Schau, der zittert ja vor Freude. Goldig. Gell?« hieß das. Dieser Stress bleibt ziemlich gleich. Trotzdem werden Hamster verkauft. Weiterhin. Weiterhin müssen Kinder Verantwortung durch Kleintierhaltung lernen. Wie gesagt. Ein bisschen artgerechter ist das geworden. Da lässt sich auch mehr verdienen daran. Am artgerechten Käfig im Vergleich zur Schuhschachtel. Aber. Die Änderung bleibt oberflächlich. Das Prinzip der sentimentalen Kolonialisierung aufrecht. Ja, in der technischen Verfeinerung wird dieses Prinzip noch getreulicher befolgt. Das ist so wie der »genaue« Krieg mit »chirurgisch exakten« Aktionen. Denn. Aus dem Falschen der Hamsterhaltung gibt es keinen anderen Ausweg, als keine Hamster mehr zu halten. Und Krieg kann nur durch Nicht-Krieg-Führen vergehen.

Es müsste in beiden Fällen eine dieser Trennungen von Vorstellungen oder Möglichkeiten vollzogen werden, die nicht gelingen, weil sie am Unbewussten scheitern. An unbewussten Verlustängsten, die sich aus den sentimentalen Inhalten herleiten, die in die abzutrennenden Sinneinheiten eingelassen sind. Unterhaltung und Reaktionäres haben solche Selbst-Rekonstruktionsmechanismen eingebaut. Als sentimentale Inhalte. Das haben sie von der Religion gelernt, in der die Abhängigkeit vom Glauben sich je selbst erneuert.

In einer säkularisierten Welt hätte man und frau sich von vielen Glaubensbegriffen trennen müssen. Und damit von den Glaubensinhalten dieser Begriffe. Wenn ich aber nun zum Beispiel sage, der Begriff »Heimat« ist ein Glaubensbegriff, der zu einer besonders scharf konturierten Konstruktion von Nähe und Fremde führt. Heimat ist ein Begriff, der emotional aufgeladen ist. In dem sich Völkisches verbirgt. Und weil es ja auch den Ausdruck »irgendwo zu Hause sein« gibt, entschlage ich mich des Begriffs Heimat als hierarchischen Ausdruck von Zugehörigkeiten. Ich habe dann keine Heimat mehr. Ich bin dann in Wien zu Hause. Manchmal. Dann gilt dieser Schritt schon als zersetzend. Wenn aber nun andere Personen sich schon durch meinen Schritt beraubt fühlen können, wie ich das bei Diskussionen feststellen muss, wie groß muss die Angst sein, einen solchen Begriff für sich selbst aufzugeben. Wie stark die Bedrohung. Solche durch die ausgelöste Emotionalität geschlossenen Systeme haben die Säkularisierung ja schon bisher erfolgreich verhindert.

Und die Lust, nun endgültig in den Krieg ziehen zu dürfen. Die leitet sich aus der nichterzählten Geschichte der Macht her. Die Staaten kaufen Söldner und Freiwillige. Und der artgerechte Käfig wird mitgeliefert. Und der erwartete Tod der Soldaten führt zurück auf Punkt 1. An den Toten wird die Notwendigkeit des Kriegs erst richtig beweisbar. Es braucht ein paar Tote, diesen Nachweis führen zu können. Politiker werden darin zu Metaphysikern. Die Hamsterlügen werden auf die Gegebenheiten umgeschrieben. Durchaus postmodern so. Der Subtext wird dadurch nur verstärkt.

So sagt der Klubobmann der Freiheitlichen Partei im österreichischen Parlament, das Veto gegen das Atomkraftwerk Temelín. Dieses Veto, das sei die »gezückte Waffe gegen die Tschechen«. Nun. Wenn die Waffen heraußen sind. Das weiß man aus »Prinz Eisenherz« und aus jeder Rede von Präsident Bush. Wenn die Schwerter einmal blitzen, dann sind die »surgical strikes« und »precision raids« nicht mehr weit. Die Sprache bildet hier die Hohlräume von Realität, die aus der Logik der verwendeten Begriffe heraus mit Realität gefüllt werden. Gefüllt werden müssen.

Aus diesem metaphysischen Sprachgebrauch, der seine Leere in die Realität zwingt, leitet sich die Formel her, dass da, wo von Gewalt gesprochen wird, Gewalt herrscht. Wo vom Krieg geredet wird, Krieg ist. Die Hamsterlüge ist Inhalt. Die grammatikalische Subjekt-Prädikat-Objekt-Konstruktion die Form. Gleichzeitig wird aber mit dieser Formel der Wirklichkeit Wirkung entzogen. Weil wir in der Hamsterlüge nicht nur die Konstruktion eines fremden Anderen, das uns vollkommen ausgeliefert ist, gelernt haben. Und nicht nur Ermächtigung durch sentimentale Projektion geübt haben. Sondern weil wir den Tod des Hamsters akzeptieren lernen mussten. Und weil uns bedeutet wurde, dass bei besserer Haltung des Tieres. Bei verantwortungsvollerem Verhalten. Bei den richtigen Maßnahmen. Dass dann der Goldi oder der Hansi schon noch am Leben sein könnten. Vielleicht. Deshalb haben wir ein kleines vorauseilendes Schuldwissen angesammelt, in dem wir sehr schnell bereit waren, den Tod des Hamsters als Ablauf hinzunehmen. Damit keine Untersuchung der genaueren Umstände stattfände, die uns doch noch Schuld zuwiese. »Das gehört zum Leben«, wurde in dieser Einweisungsverbrüderung Erwachsener mit den Kindern gesagt. Das gehöre ins Leben hinein, wurde geseufzt. Das sei das Leben. Und. Weil es weitergehen muss. Das mit dem Leben. Deswegen wird vergessen. Der tote Goldi. Der verstorbene Hansi. Deswegen verschwindet das unbeweglich steife Fellbündelchen hinter Milchglasscheiben. Ist nicht mehr klar zu sehen. Versinkt in den opaken verborgenen Raum, in dem dann später tägliche Massaker wahrgenommen werden. In dem die Toten versinken. Direkt im Leben ist dieser Raum eingelassen. Zum raschen Verschwinden gleich da, wo es passiert. Denn würde Vergessen nicht so gut gelernt und so einfach sein, es könnte einer oder eine die Ereignisse auf sich beziehen. Und dann nicht mehr funktionieren können.

Aber. Die in die Subjekt-Prädikat-Objekt-Grammatik gefasste Hamsterlüge hat eine umfassende allgemeine Wirkung. Sie hebt auf eine Ebene, auf der eine oder einer vermeinen können, Allgemeines zu verstehen. Und in diesem Verstehen dazuzugehören. Verstanden werden dann diese trunken machenden Sätze von gezückten Waffen und Beistandspakten. Der Hamsterlügen-ganze-Satz stellt für den Augenblick des Sprechens einen allgemeinen Raum her. Vom Nationalismus stehen solche Räume noch da. Halbherzig verwendet. Lange Zeit nur heimlich oder nachlässig instand gehalten. Aber der Hamsterlügen-ganze-Satz ging seiner Bedeutung nie ganz verlustig. Im Gegenteil. Die, die sich progressiv vorkommen, die können ihn mit noch mehr Überzeugung aussprechen. Ihnen steht noch einmal eine ganz besonders satte Sorte sentimentaler Selbstgläubigkeit zu Verfügung. Sie dachten ja einmal das Richtige. Das ist dann auch nichts anderes als das Glaubensbekenntnis bei der Taufe. Formeln, die Formeln bleiben müssen. Ein Entwurf solcher Formeln in eine besondere Realität, also in die Wirklichkeit einer Person. Das sie aussprechende System würde an dieser Wirklichkeit zerschellen. Die Geschichte der katholischen Kirche illustriert das immer wieder.

Aber. Wir sind ja ohnehin alle zu Schläfern des Patriarchats erzogen worden. Es müssen nur die trigger points gedrückt werden. Jeder Schläfertyp generiert dann die entsprechende Hamsterlügenmutation. Aber was immer sie sagen, es wird Krieg geführt.

Schuhschachtel 2.

Es muss nun 2 Jahre her sein. Ungefähr. Es war hier. In Berlin. Ich saß in einem Hotelzimmer. Allein. Ich musste mir einen Abend vertreiben. Ich hatte nicht ins Theater mitgehen wollen.

Ich las. Ich sah fern.

Üblicherweise ist in Hotels der erste Sender im Fernsehprogramm der Haussender. Üblicherweise wird man oder frau im Hotel begrüßt. Danach beginnt das Sendeprogramm. In einem Intercontinental wird im ersten Kanal über die Hotelkette informiert. Intercontinentals in aller Welt sind zu sehen. Es wird gezeigt, wie ähnlich sich die Zimmer dieser Hotels in aller Welt sind. Wie man oder frau in den exotischsten Umgebungen darauf vertrauen kann, dass das Hotelzimmer immer einem hohen westlichen Standard entsprechen wird. Es wird gezeigt, wie die swimming pools jeweils aussehen. Die ganze Welt wird Hintergrund für die westlich amerikanische Vorstellung vom Schlafzimmer. King size. Queen size. Twin beds. Und das große Badezimmer.

An diesem Abend war in der Schaltung der Fernsehkanäle ein Fehler. Üblicherweise sind die Kanäle des pay tv am Ende der Zapp-Kette. Bildschirmgroße Inserts weisen einen an, auf den Knopf für pay tv zu drücken. Und wenn das nicht geschehe und die nur am Rand hinter dem Insert wahrnehmbaren Aktivitäten auf dem Bildschirm weiter angesehen würden, dann komme das auf die Hotelrechnung. Rasches Überzappen der 3 Pornokanäle ist da geboten.

An diesem Abend. Wie gesagt. An diesem Abend war in der

Schaltung der Fernsehkanäle ein Fehler. Statt des Haussenders lief ein Porno auf dem ersten Kanal. Wenn ich den Fernsehapparat aufdrehte, sah ich zuallererst einen Pornovideo. Auf dem nächsten Sender war dann eine Aufzeichnung eines Theaterabends zu sehen. »Anatol« von Arthur Schnitzler. Aus dem Akademietheater in Wien. Wahrscheinlich. Die Aufzeichnung musste aus den 60er Jahren stammen. Und ich glaubte, der Anatol wurde von Robert Lindner gegeben. 3 Sender weiter lief der erste »Sissi«-Film mit Romy Schneider.

Ich saß also in diesem luxuriösen, international anonymen Hotelzimmer und zappte vom Porno zum »Anatol«, 3 Kanäle weiter zum »Sissi«-Film, zum Porno, zum »Anatol«, 3 Kanäle weiter zum »Sissi«-Film.

Ich muss dazu gestehen, dass meine Fähigkeit, eine unbekannte Fernbedienung zu handhaben, nicht über ein lineares Durchlaufen der Kanäle hinausgeht. Ich war bisher in Wien mit den beiden österreichischen Sendern zufrieden. Erst die gerade erfolgte Übernahme des ORF und besonders der Nachrichtenredaktionen des österreichischen Fernsehens durch Gefolgsleute der Freiheitlichen Partei zwingt mich, diese Beschränkung nun endgültig aufzugeben. Aber selbst bei ausgeklügeltster Beherrschung der Kanalauswahl. Es war schon richtig. Der Porno, dann zum »Anatol« und 3 Kanäle weiter zum »Sissi«-Film.

Die pornografischen Episoden waren in eine Rahmenpräsentation eingebaut. Eine Männerstimme beschrieb die Umgebung, die gleichzeitig zu sehen war. Suburbia. Vom Auto aus aufgenommen. Die subjektive Kamera wackelte. Nahm unscharf auf. Dann stieg der Sprecher aus dem Auto und machte sich mit der Kamera auf die Suche nach der Lust hinter den Gartenzäunen und Hecken. Der Sprecher hatte eine tiefe Männerstimme. Er beschrieb durchaus ironisch diese »Peeping-Tom«-Situation. Er stellte immer wieder die Frage, ob der Zuschauer das nicht eigentlich auch selber machen wolle. So. Mit der Videokamera herumgehen und Leute beim Sex aufspüren. Der Sprecher fungierte als Vermittler der Pornoepisoden. Er war Entdecker, Erzähler und Kameramann. Er war nie zu sehen. Manchmal gerieten Schuhe beim Gehen in das Bild. Die kommentierte Beobachtung wurde nie aufgegeben. Die subjektive Kamera wurde durchgehend behauptet. Im ständig laufenden Kommentar wies der Beobachter immer wieder auf sich selbst als Kameramann hin. Selbst wenn die Kamera in den Poolhäusern eines amerikanischen Suburbia bei den Aufnahmen ganz offenkundig sehr nah an die kopulierenden Paare herankam. Der Sprecher führte seine Unsichtbarkeit auf die Auf-sich-selbst-Bezogenheit der jeweiligen Paare zurück. Er fragte den Zuseher dann auch gleich, ob er, der Zuseher, ihn, den Sprecher, denn wahrnehmen würde. Währenddessen.

Dem Zuseher wurde so vorgeschlagen, das eben Gesehene in seine Aktivitäten einzubauen. Der Zuseher konnte so zum Koautor aufsteigen, indem er die Episode und die Rahmenhandlung daraufhin betrachtete, wie er diese beiden Elemente in seine Realtiät einbauen solle. Es stand ihm offen, diesen Einbau als Beobachter oder als Beobachteter zu tun. Im Text dieses Pornovideos war es dem Zuseher möglich, als Beobachter sich selbst als Beobachteter zu fantasieren. Für die fantasierte Realität im eigenen Leben stand dann die Vorstellung zu Verfügung, beobachtet zu sein. Oder selbst die Beobachtung aufzunehmen. Eine solche Umsetzung in die Realität wurde vom Sprecher immer wieder vorgeschlagen. Die Inszenierung wurde für diese Übernahme in das Leben ständig angeboten. Dem Zuseher wurde in den verschiedenen Episoden ein Erzählmuster vermittelt, das er dann in seinem Leben anwenden konnte. In aller Praxis. Der Zuseher konnte sich mit diesen Mustererzählungen, zumindest in der Fantasie, die Geschichte vom eigenen Sex entwerfen. Mit diesem Entwurf nimmt der Zuseher teil an der Mustererzählung. Diese sich selbst in die Erzählung projizierende Teilnahme des Zusehers als fantasierte Möglichkeit für das eigene Leben ist die Voraussetzung für die vollkommene Entschlüsselung des Textes. In diesem Fall soll dieser Vorgang die größtmögliche Erregung des Zusehers herstellen. Das wurde durch den Beobachter gewährleistet, der durch seinen Kommentar ständig Leseanleitungen für den Text vorlegte. Leseanleitungen, die die Übertragung des gesehenen Texts in das Leben des Zusehers suggerierten.

Dieser Transfer von Erzählstruktur wird wohl erst in die Quasi-Realität des Tagtraums erfolgen. Die Erzählung wird an diese Quasi-Realität adaptiert werden. Eine einfache Übertragung wird meist nicht möglich sein. Der Transfer der Erzählung muss mehrere Instanzen passieren. Über-Ich und Unbewusstes werden Adaptionen vornehmen. Kulturelle Einflüsse. Lebenssituation. Alter. All diese Faktoren werden die Lesemöglichkeiten beeinflussen. Sie werden die Perzeption der Szenen beeinflussen und darin eine Autorschaft des Zusehers herstellen. Der Zuseher wird Autor in der jeweils persönlichen Lesart der Szene. Wird Autor darin, wie es ihm möglich ist, die Szene zu lesen. Diese Autorschaft einer fantasierten Parallelstruktur wird in die Koautorschaft in Bezug auf den Text Pornovideofilm eingebracht. Die Handlungsstruktur wird in die Parallelstruktur übernommen. Es wird die dramatische Grundstruktur des Musters »auf Sex wartende Frau wird von sexbereitem Mann gefunden« die Grundstruktur der Fantasien werden. Diese Konstellation wurde ja auch in jeder Episode vorgeführt.

Der Zuseher wird so beim Sehen Koautor auf der Ebene der dramatischen Grundstruktur, in der die Konstellation der auftretenden Personen festgelegt wird. Auf allen anderen Ebenen sollte der Zuseher zum gesehenen Text parallel verlaufende Entwürfe eines Selbstbezugs entwickeln und in dieser Parallelautorschaft das Genre erfüllen. Im Fall des Pornos ist das Ziel ziemlich klar. Selbstentzündung am Text. In diesem Fall, würde ich meinen, sollte diese Selbstentzündung zu einem gepflegten Herrenvergnügen führen. Dieser Pornovideo war ja schon eine Auswahl aus dem hauseigenen Pornosortiment. Da gibt es dann die härteren Möglichkeiten. Dieser sehr literarische Softporno schien mir so etwas wie eine ausgeklügelte Vorspeise zu sein. Das Gepflegte an diesem Vergnügen beruhte auf der Möglichkeit des Zusehers, die Koautorschaft unter der Wirkungsweise des Genres zu subsumieren. Die Wirkung der Erzählstrukturen auf den Zuseher kann an der Schnittstelle von Koautorschaft und fantasierender Parallelautorschaft in die im Text enthaltene Autorposition verschoben werden. Der Zuseher kann sich selbst das Wissen über seinen eigenen Anteil an der Konstituierung am gelesenen Text verbergen. Es ist dann nicht der Zuseher, der den Text liest. Die genrebezogenen Lesegewohnheiten schieben sich vor das Lesen. Die vom Genre ausgelösten Reaktionen. Die Koautorschaft muss nur ausreichend geleugnet und abgewehrt werden, dann kann der Textgenuss einsetzen. Der Zuseher muss nicht mehr die Verantwortung übernehmen, den Pornovideo mit zu entwerfen. Der Zuseher muss mit dem Beobachter den Mann in seinen eigenen Projektionen der Pornoszene mitdenken. Handlungseinheit für Handlungseinheit. Wie bei jeder Erzählung. Der Genuss am Textlesen entsteht hier durch die stete Erfüllung der Entwürfe. In dieser Erfüllung beschreibt sich dann das Genre wieder.

Der Zuseher wird durch die Erfüllung seiner Erwartung an das Genre angeleitet, seine Koautorschaft an die Autorinstanz im Text abzugeben. Weil der Text des Genres Pornovideo dadurch funktionieren kann, ist es nicht der Zuseher, der einen Pornovideo sieht und liest. Der Pornovideo zeigt sich ihm. Der Zuseher zeigt sich in unterdrückter Mitautorschaft das, was er sich zeigen soll. Und der in diesem Text als Autorinstanz auftretende Beobachter macht dem Zuseher diese Selbstaufgabe an den Text leicht.

Die Erzählung dieses Pornovideos richtete sich ausschließlich an den Zuseher. Die Episoden handelten von einsamen jungen Frauen am swimming pool oder im Liegestuhl. Statisch waren sie an den jeweiligen Ort gebannt. Poolarbeiter. Lieferanten. Polizisten. Besucher. Die Männer bewegten sich auf die Frauen zu. Umkreisten die Frauen. Die Episoden führten die zügige Annäherung der Männer vor. Die Frauen waren selbstverständlich rasch zu überzeugen. Es gab nur heterosexuelle Paarungen. Die Frauen waren der Fiktion von Suburbia entsprechend immer weiß. Und meistens blond. Ein Poolarbeiter war schwarz.

Die Körper der Schauspieler waren gearbeitet. Bodysculpturing aus Training und Chirurgie. Die Frauen hatten mehrere Orgasmen zu maunzen, dann verließ der Beobachter die Episode. Wohl um in die Kategorie Softporno gezählt zu werden und auf den ersten Pornokanälen aller Intercontinentals der Welt vorgeführt werden zu können. Da, wo die elaborate Erzählweise des Pornos dieses gepflegte Vergnügen möglich macht, indem der Zuseher den Text mitkonstituierend und in der Verdrängung ebendieser Autorschaft passiver Tagträumer werden kann.

Diese ausdrückliche Hinwendung an den Mann könnte einem hier selbstverständlich vorkommen. Aufgrund des Genres. Es handelt sich bei diesem Video schließlich um die Mitteilung von Mann zu Mann, wie das ist. Mit dem Sex. Für den Mann. Diese Mitteilung erfolgt außerspachlich. Durch vorgeführte Handlung. Wobei in diesem Fall auch noch eine Autorfigur auftritt, die sprachlich bestätigt, dass es sich um Sex handelt. Erzählt wird dieser Sex nicht. Was geschieht, muss beim Zusehen vom Zuseher entschieden werden. Wie das ist. Das alles. Das wird nicht benannt. Das wird nicht beschrieben. Das wird nicht erzählt. Das wird nur vorgeführt. Das verlässt sich auf das Wissen aller Männer voneinander, wie das ist. Männlicher Sex. Frauen kommen da nicht ins Spiel. Frauen können ja nicht wissen, wie das ist. Es fehlen ihnen ja die dazu notwendigen Mittel. Das Organ. Und. Es gibt auch keine Sprache dafür. Es ist ausschließlich die größere Sichtbarkeit des Organs, die die Erzählung liefert. Und es gibt kaum eine Bemühung, diese Mitteilung in Sprache zu fassen. Das hat auch praktische Gründe. Man muss sich nur an Männer wenden. Bei der Erzählung. Das liegt an den Machtstrukturen. Und man konnte sich deswegen dann auch lange Zeit nur an Männer wenden. Mit der Erzählung. Weil die Machtstrukturen gar nichts anderes möglich gemacht hatten. Die Verschweigung dieser Erzählung hat aber auch System. Wir. Die Frauen. Wir sollen es auch nicht wissen. Wir sollten es schon immer gewusst haben. Und weil das nicht möglich ist, kann uns dieses Nichtwissen vorgeworfen werden.

Also. Der Zuseher wirft sich in den Text. Wird zum Mitautor. Wie bei jedem Textlesen muss sich der Zuseher dem Text leihen. Er muss auf allen Ebenen des Textes den Sinneinheiten und ihren Verknüpfungen seine Wahrnehmung zu Verfügung stellen. Die Möglichkeiten des Lesens sind in den eigenen Möglichkeiten des Lesers beschlossen. Die Möglichkeiten des Textes liegen nun darin, wie viel der Text von den Wahrnehmungsfähigkeiten des Lesers mobilisieren kann. Und. Wie weit der Text dann die Person im Lesen – mit Hilfe der Wahrnehmungsmöglichkeiten des Lesers – von sich selbst entfernen kann. Oder. Wie stark eine Bestätigung dieser Möglichkeiten stattfindet.

Je weniger diese Bestätigung nun auf eine vorhandene Realität zurückgeführt wird und vorgeprägte Erwartungsstrukturen des Lesers erfüllt werden, desto mehr ist der Text der Unterhaltung zuzurechnen. Der Pornovideo ist hierin idealtypisch. Dieser Video bedient auch ganz offen die Metaebene von Lesen. Also die Beschreibung der Geschlechterdifferenz als ewiger Sieg des Männlichen. Ein Sieg, der nicht einmal besprochen werden muss. Den Lesern ist er ja im Lesen klar. Ist im Lesen selbstverständlich. Und. In dieser universalen Gültigkeit müssen auch Frauen den Text so lesen. Denn. So werden Texte gelesen. Von Anfang an. Und wenn frau kein Lesemann werden kann. Oder will. Oder soll. Dann kann sie am Lesen nicht teilnehmen. Wenn sie nicht lernt, ihre Koautorschaft als Lesemann zu entwickeln und dann an eine männliche Autorinstanz in den Erzählstrukturen wieder abzugeben, dann kann sie Texte nicht verstehen. Wenn frau nicht lernt, als Mann die Geschichten entlangzugehen, dann kann sie gar nicht an der Gesellschaft teilnehmen. Natürlich wird sich dieser angelernte Lesemann in einer Frau nie so ganz in dieser Selbstaufgabe ihrer Koautorschaft erfrischen können. Ihrem Lesemann steht ja keine reale Erfüllung der gelesenen Geschichten zur Verfügung. Sie kann sich immer nur ihren Lesemann bestätigen lassen. Ihre Person muss aufgrund ihres Geschlechts von ihren Leseerfahrungen abgetrennt bleiben. Obwohl sie den Texten alle ihre Wahrnehmungsmöglichkeiten leihen muss, um den Texten zu Wirkung zu verhelfen. Die basale Mitteilung. Die wird sie nur als Leerstelle erfahren können.

Für den Pornovideo hätte das bedeutet, dass ich eine mir selbst erfundene Geschlechtlichkeit den männlichen Protagonisten leihen muss, um so die Episode mit entwerfen zu können. Ich muss verstehen, warum sich dieser Poolarbeiter von dieser Frau angezogen fühlt. »Magnetismus« wurde erwähnt. Aber statt dass mir erklärt und genau begründet wird, warum diese Kopulation nun unabwendbar notwendig für ihn ist, wird mir dieses Verständnis abgezwungen. Und weil dieses Verständnis von Frauen für das Lesen des Männertextes erlernt werden muss. Und weil wir ja über die nie besprochene männliche Sexualität aus eigener Erfahrung nichts wissen können. Weil dieses Verständnis von Anfang an das Frau-Sein mitkonstituiert, hätte ich es ja auch gleich zur Hand. Als Lesemann zu einer Quasi-Teilnahme am Text trainiert, könnte frau sich sogar schon nur durch dieses Verständnis-Haben belohnt fühlen. Schließlich läuft über dieses Verständnis unsere Teilnahme am allgemeinen männlichen Text. Die Freude, diese Teilnahme erlernt zu haben, kann durchaus zu gleich noch größerem Verständnis führen. Frau kann nur so Macht erringen. Zumindest über andere Frauen. Ja. Es könnte als Schritt in bewusstes Lesen betrachtet werden, wenn die lesende Frau es schaffte, sich neben der notwendigen Textentschlüsselung als Lesemann auch noch als Frau einzubringen. Sich als Frau im Text zu entwerfen. Immer im Rahmen des internalisierten Verständnisses der Leerstelle »männliche Geschlechtlichkeit«. Im vorliegenden Fall also, die Textsorte Pornovideo durch Begehren zu aktualisieren. Schwerarbeit ist das. Und während der Mann für seine Abgabe der Mitautorschaft am Text sich wenigstens seiner Männlichkeit neu versichern kann, bleibt der Frau eine neuverstärkte Männlichkeit als Lesemann, der die innere Geschlechterdifferenz neu dynamisiert. Kolonialisiert werden alle Geschlechter beim Lesen des gesellschaftlichen Texts. Belohnung für die Akzeptanz davon gibt es aber nur für den männlichen Anteil dieser Affirmation.

Wenn Sie sich an die Diskussion von Alice Schwarzer mit Verona Feldbusch erinnern, dann beruhte das Überlegenheitsverhalten von Frau Feldbusch auf der Vorstellung, dass sie die Männer eben besser verstehen könne. Und das wird auf einer unbewussten Reaktionsebene ja dann auch sogar der Fall sein. Die Angst vor Feminismus geht ja vom Verlust dieses Verständnisses aus. Und damit vom Verlust von Teilnahme. Und vor allem vom Verlust der Belohnung. Das ist auch richtig so. Aber über Verlustängste und wie Frauen zu Kastrationsängsten kommen können später.

Lassen Sie mich hier gleich noch einen Exkurs einfügen. Bevor wir uns dem »Anatol« zuwenden. An dieser Stelle möchte ich Sie an die Kritik an meinen Vorlesungen in Tübingen und Frankfurt erinnern. Reinhard Baumgart veröffentlichte über diese Text in der »Zeit«, dass das, was ich da so schreibe, Gulasch sei. Und Thomas Steinfeld beschrieb mich in der »Frankfurter Allgemeinen Zeitung« als jemand, der auf die Literatur wie eine beleidigte Prinzessin reagiere. Diese Kritiker verwenden zu meiner Beschreibung Archetypen des Weiblichen. Die Köchin. Die Prinzessin.

Bei Grimm bestätigt sich das Prinzessin-Sein der Prinzessin auf der Erbse durch ihre Überempfindlichkeit. Ich kann dieser Definition viel abgewinnen. Kritik ist eine Methode, sich der Wirkung des Kritisierten zu entziehen. Und die erwähnten Kritiker entziehen sich durch ihre Kritik an meinen Texten meiner Kritik am Gesamttext. Und. Was ich in meinen Texten mache, ist die Fortsetzung eines langen Prozesses der Niederringung meines Lesemanns, ohne das Lesen verlernen zu müssen. Über diesen immer wieder notwendigen inneren Mord und die Verluste davon. Und die neuen Möglichkeiten. Davon auch später. Aber. Die sich immer weiter ausbreitende Lesefrau in mir kann nur beleidigt sein. Sich in keinem Text des Kanons unverletzt entwerfen können. Auch in Texten von Frauen nicht, weil auch die – wie meine eigenen – nur Konstrukte auf der Basis der vorhandenen Möglichkeiten der Autorinstanz sein können. Da weinen die Prinzessinnen und wollen den heranreitenden Prinzen, und seien das noch so prominente Literaturkritiker, keine Hand reichen. Und nachfolgen schon gar nicht.

Die Prinzessin kocht aber auch. Gulasch kommt heraus, wenn sie schreibt. Das hieße, dass ich koche, wenn ich schreibe. Dabei lässt mir der Kritiker meine Literatur. Schreiben könne ich schon. Mit dem Denken. Da haut es nicht so hin, wie er sich das vorstellt. Beim Denken kommt hervorragend geschriebenes Gulasch heraus. So freundliche paternalistische Einschränkung hätte mich bei meiner Matura vielleicht noch gefreut. Da hätte das mein Durchkommen bei dieser Prüfung befördert. Und damals hielt ich kanonische Kreativität noch für die überlegene Darstellungsform. Das war aber im Rahmen einer kurzen Hinwendung zu Hippie-Ideologien. Also im Rahmen jenes laisserfaire, in dem sich die Söhne 1968 die Welt neu aufteilten und diese Machtergreifung nur verschleierter benannten. Da blieb es dann ja doch bei den alten Inkongruenzen, und es ließ sich mir nicht vermeiden, die Widersprüche der Entwürfe auch da zu entdecken. Im Übrigen. Ich koche gern. Wenn mein Schreiben kochen ist, dann habe ich keine Sorge. Ich koche ganz gut. Die gekochten Texte sollten dann ja meinem Gulasch nicht nachstehen. Aber natürlich mache ich eines nicht. Ich habe keinen einzigen meiner Texte in die abstrakte Autorinstanz des kanonischen Texts überantwortet. Und. Ich bin auch immer die erste Leserin meiner Texte. Und ich fordere von der Leserin und dem Leser Mitautorschaft. Das ergibt dann auf der weiblichen Seite jene Leerstellen, die frau aus dem männlichen Text kennt und die sie mit Hilfe des Lesemanns erkennen und mit Hilfe des weiblichen Verständnisses überbrücken gelernt hat. Natürlich regt Reich-Ranicki sich über die Schilderung der Menstruation in »Verführungen.« auf. Er hat keine Lesefrau als Leseinstrument für einen weiblichen Text entwickelt. Und er hat kein Verständnis für diese Weiblichkeit gelernt. Musste das nicht. Und im Rahmen der strukturellen Macht hätte ihm das ja auch geschadet. Die Menstruation. Eine Angelegenheit, die weibliches Leben konstituiert, kann so von einem arrivierten Kritiker beiseite geschoben werden. Muss das. Denn der Großkritiker als Erlöserprinz kann nur in den hegemonialen Text retten. Dieser Text ist männlich-hegemonial und damit allgemein. Und der Kritiker steht so auf der Seite der Macht.

Also. Alle diese Kritiker müssen notwendigerweise Fehlstellen in meinen Texten auffinden und sich über die theoretische Beschreibung von etwas wundern, das sie nicht sehen können. Die Menstruation als Erzählung von Weiblichkeit existiert für sie ja nicht als kanonisiertes Phänomen. Goethe schrieb nicht darüber. Jedenfalls nicht aus eigener Erfahrung. Aber. Der Mangel liegt hier bei den Lesern. Nicht bei Goethe. Und seinen Kollegen. Die hatten nur den Raum zu nutzen, der ihnen in ihrer Zeit offen stand. Für ihre Erzählung. Wie das so ist. Für den Mann. Aber die Belastung durch das Faustische am »Faust«. Die entstand durch den Gebrauch am Text.

Also. Vom Standpunkt der arrivierten Kritik nehmen Sie hier an einem Kochkurs teil. Gehalten von einer beleidigten Prinzessin. Aber. Immerhin haben meine Texte es zu einer ergrimmten Beschreibung gebracht. Die Verschweigung ist hörbar gemacht. Das muss mir als Erfolg gelten. Wahrscheinlich.

Wir sind damit beim Grundproblem der Sichtbarmachung von Befreiung angelangt. Wenn nur Sklaven gesehen und beschrieben werden können, dann werden die befreiten Sklaven immer nur in ihrer Sklavenheit sichtbar bleiben. Die nichtbeschreibbare Befreiung und Freiheit kann nicht im Text aufscheinen. Damit kann sie nicht in Erinnerung bleiben. Es hat sie nie gegeben. Dann.

An der Geschichte der Französischen Revolution kann dieser Mechanismus genau untersucht werden. Oder an der Frauenbewegung, der die Geschichtlichkeit verweigert wird. Und damit die Wirkung.

Aber lassen Sie uns weiterkochen. »Anatol«. Bevor ich zu einer Beschreibung der Wirkung dieser Aufzeichnung an diesem Abend vor 2 Jahren komme. Im Hotel Intercontinental. Lassen

Sie mich da ein paar Tondokumente vorführen. Ich habe von dieser Aufführung keinen Mitschnitt bekommen können. Aber ich möchte, dass Sie den Ton kennen lernen, in dem diese Sprecher-Texte in Wien zu hören sind.

(In der Vorlesung wurden die Passagen als Tonbeispiele vorgeführt.)

EMILIE ... Ah ... hier find' ich dich –! Und vor meinem Schreibtisch...? Ja, was machst du denn? Du stöberst meine Laden durch? ... Anatol!

ANATOL Es war mein gutes Recht – und ich h a t t e recht, wie sich soeben zeigt.

EMILIE Nun – was hast du gefunden –? Deine eigenen Briefe ...!

ANATOL Wie? – Und das hier –?

EMILIE Das hier –?

ANATOL Diese zwei kleinen Steine...? Der eine ein Rubin, und dieser andere, dunkle? – Ich kenne sie beide nicht, sie stammen nicht von mir ...!

EMILIE ... Nein ... ich hatte ... vergessen ...

ANATOL Vergessen? ... So wohl verwahrt waren sie; da in dem Winkel dieser untersten Lade. Gesteh es doch lieber gleich, statt zu lügen wie alle ... So ... du schweigst? ... Oh, über die wohlfeile Entrüstung ... Es ist so leicht zu schweigen, wenn man schuldig und vernichtet ist ... Nun aber will ich weiter suchen. Wo hast du deinen anderen Schmuck verborgen?

EMILIE Ich habe keinen anderen.

ANATOL Nun – *Er beginnt die Laden aufzureißen.*

EMILIE Such' nicht ... ich schwöre dir, daß ich nichts habe.

ANATOL Und dieses hier ... warum dieses hier?

EMILIE Ich hatte unrecht ... vielleicht ...!

ANATOL Vielleicht! ... Emilie! Wir sind an dem Vorabend des Tages, wo ich dich zu meinem Weibe machen wollte. Ich glaubte wahrhaftig alles Vergangene getilgt ... Alles ... Mit dir zusammen hab' ich die Briefe, die Fächer, die tausend Nichtigkeiten, die mich an die Zeit erinnerten, in der wir uns noch

28

nicht kannten ... mit dir zusammen habe ich all das in das Feuer des Kamins geworfen ... Die Armbänder, die Ringe, die Ohrgehänge ... wir haben sie verschenkt, verschleudert, sie sind über die Brücke in den Fluß, durchs Fenster auf die Straße geflogen ... Hier lagst du vor mir und schwurst mir ... »Alles ist vorbei – und in deinen Armen erst hab' ich empfunden, was Liebe ist ...« Ich natürlich habe dir geglaubt ... weil wir alles glauben, was uns die Weiber sagen, von der ersten Lüge an, die uns beseligt ...

[...]

MAX Du heiratest sie morgen? –

ANATOL Nein, wie du äußerlich bist! – Als wenn es keine Feierlichkeiten der Seele gäbe, die mit all diesem Tand, der uns von dem Draußen kommt, gar nichts zu tun haben.

MAX Also – du hast einen bisher ungekannten Winkel deiner Gefühlswelt entdeckt – wie? Als wenn sie davon etwas verstände!

ANATOL Du rätst ungeschickt ... Ich feiere ganz einfach ... das Ende!

MAX Ah!

ANATOL Abschiedssouper!

MAX Na ... und was soll ich dabei –?

ANATOL Du sollst unserer Liebe die Augen zudrücken.

MAX Ich bitte dich, mach' keine geschmacklosen Vergleiche!

ANATOL Ich verschiebe dieses Souper schon seit acht Tagen –

MAX Da wirst du heute wenigstens guten Appetit haben ...

ANATOL ... Das heißt ... wir soupierten jeden Abend miteinander ... in diesen acht Tagen – aber – ich fand das Wort nicht, das rechte! Ich wagte es nicht ... du hast keine Ahnung, wie nervös das macht!

MAX Wozu brauchst du mich eigentlich?! Soll ich dir das Wort soufflieren –

ANATOL Du sollst für alle Fälle da sein – du sollst mir beistehen, wenn es notwendig ist – du sollst mildern – beruhigen – begreiflich machen.

MAX Möchtest du mir nicht zuerst mitteilen, warum das alles geschehen soll –?

ANATOL Mit Vergnügen … Weil sie mich langweilt!

MAX So amüsiert dich also eine andere –?

ANATOL Ja …!

MAX So … so …!

ANATOL Und was für eine andere!

MAX Typus?!

ANATOL Gar keiner! … Etwas Neues – etwas Einziges!

MAX Nun ja … Auf den Typus kommt man ja immer erst gegen Schluß …

ANATOL Stelle dir ein Mädchen vor – wie soll ich sagen … dreiviertel Takt –

MAX Scheinst doch noch unter dem Einfluß des Balletts zu stehen!

ANATOL Ja … ich kann dir nun einmal nicht helfen … sie erinnert mich so an einen getragenen Wiener Walzer – sentimentale Heiterkeit … lächelnde schalkhafte Wehmut … das ist so ihr Wesen … Ein kleines, süßes, blondes Köpferl, weißt du … so … na, es ist schwer zu schildern! … Es wird einem warm und zufrieden bei ihr … Wenn ich ihr ein Veilchenbukett bringe, steht ihr eine Träne im Augenwinkel …

Ich begann Schnitzler sehr früh zu lesen. Mit 11 oder 12 hatte mir eine von meiner Lesewut gestresste Bibliothekarin der Badner Stadtbibliothek Werke von Schnitzler aus dem Regal geholt. Das müsse man gelesen haben, sagte sie. Und ich las.

Schnitzler. Das ist österreichischer Literaturkanon. Aber widersprüchlich so. Bis heute. Ein inhärenter Antisemitismus wirkt weiter. Analog zum vorhin angeführten Beispiel der Sklaven, die keine anderen werden können, bleiben Juden im österreichischen Kontext immer in ihrem Jüdisch-Sein sichtbar. Es wird immer die Frage gestellt, ob einer oder eine das sei. Jüdisch. Ja. Es werden antisemitisch auszulegende Bemerkungen Schnitzlers selber herangezogen, um dieses Jüdisch-Sein jeweils zu aktualisieren. Im

Hinweis darauf ist eine Abwertung enthalten. Zumindest eine Anders-Wertung. Und das wird im österreichischen Text auch ausgesprochen. Es gibt die Redensart »Einmal ein Jud. Immer ein Jud«. Der Autor Schnitzler ist so immer von Vorbehalten umgeben. Das war mir als sehr junge Person in den frühen 60er Jahren nicht entschlüsselbar. Schnitzler war von den Erwachsenen von einer Art Bann belegt. Sein Name wurde in einem anderen Ton ausgesprochen als etwa Grillparzer. Er sei schon gut, hieß es. Er habe die Zustände schon richtig beschrieben, wurde gesagt. Aber. Und der »Professor Bernhardi«. Das wäre schon ein gutes Stück. Und er könne ja auch wirklich schreiben. Der Schnitzler. Aber aufgeführt wurde das Stück nicht. Die Erwachsenen hatten etwas gegen Schnitzler. Schnitzler musste gegen die Erwachsenen verteidigt werden.

Schnitzler wurde so für mich eines der Versatzstücke des mir noch unbekannten und noch zu entwerfenden Selbst gegen die abgelehnte Erwachsenenwelt. Und so kam es, dass ich Schnitzler gegen meinen Vater verteidigte.

Lassen Sie mich hier kurz die Strukturen genau untersuchen. Ich war 12 Jahre alt. Ich las Weltliteratur. Wie das so schön hieß. Weltliteratur. Das war das 19. Jahrhundert. Ich las mich durch den Kanon durch. Ich hatte dafür einen gut gebildeten Lesemann zu entwickeln. Mit 4 Brüdern fiel mir diese Mimikry nicht schwer. Im Gegenteil. Es war die einzige Form von Personenbildung, die zu Verfügung stand. Hausfrauen und Mütter kamen im Text nicht vor. Dementsprechend bot sich hier kein Identitätsmuster an. Nicht einmal eine Wahrnehmung dieser Personen war möglich. Eigentlich. Damit gab es kein akzeptables Muster für Weiblichkeit. Meine pubertäre Ausgestaltung der Geschlechtsperson erfolgte an der Weltliteratur. Madame Bovary, Anna Karenina und Nana. Ich wurde also zu einem erlesenen jungen Bildungsmann. Ein Zwitter zwischen Bildungsperson und Körper. Anpassung war – nicht zuletzt durch den Zeitgeist – nicht möglich. Verwirrung musste die Folge sein. Aber. Die Verwirrung wurde erst später sichtbar. Erst gegen Ende der Adoleszenz traten die Folgen der

31

Verwirrung zu Tage. Immerhin. Der gebildete Lesemann in mir verhalf mir zu einer gediegenen ödipalen Auseinandersetzung mit meinem Vater. Ich verteidigte Schnitzler. Den »Reigen«. Ich unternahm es also, den aufbegehrenden Männertext gegen patriarchal autoritäre Angriffe zu verteidigen. Gegen den Wunsch des Patriarchats, die Geschichte, wie das so ist, für den Mann. Diese Geschichte nur indirekt mitzuteilen. Als Geheimnis zu bewahren. Und über die Bewahrung dieses Geheimnisses die Macht. Nun. Die Moderne durchbrach genau dieses Gebot. Die Söhne plauderten das Geheimnis aus. Die Väter hätten sich aber nicht fürchten müssen. Die Söhne konnten oder wollten das auch nur einander mitteilen. Die Macht blieb ihnen. Sie teilen sie sich nur besser, aber das hat mit dem Geld zu tun und nicht mit einem Fortschritt. Die Kritik der Moderne am Patriarchal-Autoritären reichte nur bis zum ersten Schritt der Selbstermächtigung. Die Mitermächtigung anderer war nicht vorgesehen. Kunst blieb deshalb weiterhin ein Geheimnis. Sie war nicht mehr das ungeteilte Geheimnis des Genies mit dem Wissen vom Wahnsinn. Es war ein geteilteres Geheimnis. Mitgeteilt. Aber nur einander. Das Geschlecht wurde nicht mitgedacht. Wobei das Mitdenken von Geschlechtergrenzen das Lesen ja unmöglich machen kann. Das kann zu Auslöschungsängsten führen. Ein auf dieses Grundverständnis angewiesenes Geschlecht kann das nicht leisten. Und das das Verständnis aufbringende Geschlecht leistet ja sowieso alles.

Also. Ich verteidigte den ödipalen Sohn gegen den Vater. Ich übernahm die Kulturarbeit des jungen Manns. Daneben musste ich aber als Frau herumlaufen. Im Minirock. Damals. Das gelang ganz wunderbar. Erst. Ich entwarf mich mir selber als Frau meinem Lesemann gegenüber. Ich entwarf mich als Koautor und darin entstand der Entwurf meiner Weiblichkeit.

Auf Schnitzler angewandt hieß das, ich würde so werden, wie ein Anatol sich die Idealfrau vorstellte und damit Anatol für mich gewinnen und über Anatol dem Geheimnis auf die Spur kommen. Oder ich würde Wronski nicht vorwerfen, dass er zu seiner Mutter fährt und sich dort mit Damen der Gesellschaft unterhält, die mit mir, der ausgestoßenen Anna, kein Wort wechselten. Ich würde als Ausgestoßene noch vernünftig sein. Ich würde Wronski verstehen. Ich würde die verständnisvolle Frau sein. Eine schöne Seele, die niemanden nervte und in die Trunksucht trieb und die außerdem auch noch kochen konnte. Das richtige Leben schien mir eine Kette der richtigen Entscheidungen die Beispiele der Weltliteratur entlang zu sein.

Als junge Frau fühlte ich mich durch den Lesemann in mir verführt, zu allem fähig zu sein. Strukturell gesehen funktionierte diese Selbstentzündung auf dem gleichen Prinzip, das in dem Pornovideo angewandt wurde. Aufgabe des Bewusstseins an der Mitautorschaft und darin Überantwortung an die Autorinstanz im Text. Unbewusste Mitarbeit wird das. Ich besorgte das Geschäft des Patriarchats. Selbstverständlich, wie das vorgesehen ist. Wenn im »Anatol« ununterbrochen Frauen zur Selbstdarstellung misshandelt wurden, so missbrauchte ich mich selbst. Der Lesemann die eigene Weiblichkeit. Ja. Ich brachte das bisschen Wissen über die Weiblichkeit in das Lesen ein. Empörte mich über diese Frauen in der Kenntnis des Weiblichen. Ich war die ideale Leserfigur für einen solchen Text. Und es war keine Frage, dass die weniger wertvollen Charakteranteile in einem solchen Prozess der Weiblichkeit zugeordnet werden. Lügen war so eine Sinneinheit. Lügnerische Fantasien. Und der Lesemann konnte in katholischer Verdammnis dieser Schwächen mit Hilfe des Sprecher-Texts von Anatol über sich selbst in der Weiblichkeit herfallen.

Aber. Die durch den Kulturmann in mir erworbenen Mittel richteten sich auch auf meine eigene Weiblichkeit. Machten diese Weiblichkeit sichtbar und liehen sich der Weiblichkeit als Instrument eines Blicks. Diese Mittel zogen im Sehen auf die eigene Weiblichkeit und das dadurch bedingte Sehen der Weiblichkeit eine Kompetenz diesem Text gegenüber nach sich. Machten die Weiblichkeit lesbar und lesend. Und. Ein neuer Widerspruch tat sich auf. Die Klassenzugehörigkeit und wie sich das für Frauen auswirkt. Die eine Großmutter war Bäurin. Das war die wichtige Großmutter. Die andere Großmutter war als junges Mädchen von zu Hause ausgerissen. Sie war von Polen nach Wien gegangen. Sie hatte als Verkäuferin beim Matauschek gearbeitet. Das war ein großes Geschirrgeschäft in der Innenstadt. Ein k.u.k. Offizier war dann jeden Tag gekommen und hatte Pastetenformen eingekauft. Um zu diesen Pastetenformen zu gelangen, hatte meine Großmutter auf eine Leiter klettern müssen. Der k.u.k. Offizier hatte da einen Blick auf ihre Knöchel erhascht. Das uneheliche Kind musste sie dann alleine durchbringen. Meine Großmutter verdiente ihr Geld als Granatstopferin in einer Munitionsfabrik. Sie heiratete dann meinen Großvater, der in den 20er Jahren arbeitslos wurde. Sie erhielt die Familie. Meine Großmutter war das süße Mädel gewesen. Die Realität davon war mir bekannt. Vor allem kannte ich das süße Mädel als alte Frau. Bei Schnitzler versinken die süßen Mädels ja entweder als Leichen oder sie werden älter und damit weniger süß, oder sie gehören einem anderen Mann zu. Das schließt sie auch aus der Kategorie aus. Das süße Mädel wird in keinem Text zu einer Sinneinheit mit eigenem Wahrnehmungszentrum. Dem süßen Mädel gelingt ja nicht einmal die Ablösung von der Autorinstanz im Text.

Die Klassenzuweisung aller Frauen im »Anatol« in verachtet romantisierte Unterschicht, deren Aufstiegsmöglichkeiten gerade bis zur demi-monde reichte. Das ließ sich mit meiner egalitären Einstellung nicht vereinbaren. Und auf diese egalitäre Einstellung war ich stolz. Österreich war und ist das Surrogat einer feudalen Klassengesellschaft. Egalitäres Sentiment gilt da immer noch revolutionär. Und Revolution. Das war mir wichtig. Mit 17.

Gerade eben. Vor 2 Wochen. Ich stand in der Küche und machte gerade Schokoladenbuttercreme für die Weihnachtstorte. Da spielte man im Radio die Episode »Weihnachtseinkäufe« aus dem »Anatol«. Dieses Stück wird jedes Jahr zu Weihnachten gebracht. Und immer in der Aufnahme mit Paula Wessely. Ich gebe Ihnen ein kurzes Beispiel, wie das klingt.

GABRIELE Also – geben Sie mir irgend einen Anhaltspunkt ...
Für wen soll Ihr Geschenk gehören?

ANATOL ... Das ist ... eigentlich schwer zu sagen ...

GABRIELE Für eine Dame natürlich?!

ANATOL Na, ja – daß Sie eine Menschenkennerin sind, hab' ich
Ihnen heut schon einmal gesagt!

GABRIELE Aber was ... für eine Dame? – Eine wirkliche Dame!

ANATOL ... Da müssen wir uns erst über den Begriff einigen!
Wenn Sie meinen, eine Dame der großen Welt, – da stimmt
es nicht vollkommen ...

GABRIELE Also ... der kleinen Welt? ...

ANATOL Gut – sagen wir der kleinen Welt. –

GABRIELE Das hätt' ich mir eigentlich denken können ...!

ANATOL Nur nicht sarkastisch werden!

GABRIELE Ich kenne ja Ihren Geschmack ... Wird wohl wieder
irgend was vor der Linie sein – dünn und blond!

ANATOL Blond – gebe ich zu ...!

GABRIELE ... Ja, ja ... blond ... es ist merkwürdig, daß Sie immer mit solchen Vorstadtdamen zu tun haben – aber immer!

ANATOL Gnädige Frau – m e i n e Schuld ist es nicht.

GABRIELE Lassen Sie das – mein Herr! – Oh, es ist auch ganz gut,
daß Sie bei Ihrem Genre bleiben ... es wäre ein großes Unrecht, wenn Sie die Stätte Ihrer Triumphe verließen ...

ANATOL Aber was soll ich denn tun – man liebt mich nur da
draußen ...

GABRIELE Versteht man Sie denn ... da draußen?

ANATOL Keine Idee! – Aber, sehen Sie ... in der kleinen Welt
werd' ich nur geliebt; in der großen – nur verstanden – Sie
wissen ja ...

GABRIELE Ich weiß gar nichts ... und will weiter nichts wissen! –
Kommen Sie ... hier ist gerade das richtige Geschäft ... da
wollen wir Ihrer Kleinen was kaufen ...

Ich stand also da. Schlug die englische Creme über Dampf auf.
Zwischen den Schlägen des Schneebesens in der bain-marie

35

tropften diese Sätze in den Raum. Perlten. Wurden gesungen. Und mir fiel ich selber ein. Als junge Person. Wie ich nach dieser Kostbarkeit der Sprache gierte. Wie ich glaubte, dieser Fiktion nachgeraten zu müssen und die Fiktion damit ins Leben zerren zu können. Und dann auch alles so wäre, wie da. Irgendwie.

Wie damals.

Nostalgie ist immer Gift. Für junge Frauen ist die hier gemeinte vergangene Welt weiblichen Hinsinkens ein besonderes Gift. Das Hinsinken ist ästhetisiert und historisiert. Ist vergangen. Vorbei. Bewältigt. Es bedarf keines Kraftaufwands mehr. Bedarf keiner Überlegung. Alles ist schon geschehen. Keine Überlegung. Kein Gedanke ist mehr nötig. Und ganz sicher braucht es keinen Kampf. Und so kommt es, dass sich an einem erfüllt, was Anatol sich so dringend wünscht. Verstorben alle Genüsse über sich hinweggleiten zu haben.

In Wien lassen wir dazu ein bisschen Walzer herüberklingen, ziehen ein Fin-de-siècle-Kostüm an, lagern auf einer chaiselongue und nennen das dann Frau. In der Hoffnung, so wichtig zu sein, wie im »Anatol«. Wenigstens die Landschaft des Gesprächs.

Aber eine solche Vereinbarung auf Realität. Die gilt nur für den Porno. Und da nur für den Mann. Und sicher auch nur, weil er sich die Realität der Sexproduktion kaufen kann.

In der Küche. Bei der Weihnachtstorte. Da erinnerte ich mich an die Theaterabende. Wie ich da sitze. Und in all diese langen Pausen hinein. Da wird gelacht. Das Theaterpublikum nimmt die Koautorschaft an. Das Theaterpublikum lacht über den Anatol. Und vor allem lacht das Theaterpublikum, wenn diese Sätze über Frauen fallen.

ANATOL Immer sind diese Frauenzimmer uns untreu. Es ist ihnen ganz natürlich … sie wissen es gar nicht … So wie ich zwei oder drei Bücher zugleich lesen muß, müssen diese Weiber zwei oder drei Liebschaften haben.

[…]

ANATOL Sie ist wie jede, liebt das Leben, und denkt nicht nach.

[…]

ANATOL Aber ich glaube nicht und bin nicht glücklich! Ich wär'
es, wenn es irgend ein untrügliches Mittel gäbe, diese dum-
men, süßen, hassenswerten Geschöpfe zum Sprechen zu bringen oder auf irgend eine andere Weise die Wahrheit zu erfahren … Aber es gibt keines außer dem Zufall.

[…]

ANATOL Du hast recht! … Man könnte ein Zauberer sein! Man
könnte sich ein wahres Wort aus einem Weibermund hervor-
hexen …

[…]

MAX Durchaus nicht. *Bei der Tür* Eines ist mir klar: Daß die
Weiber auch in der Hypnose lügen … Aber sie sind glücklich
– und das ist die Hauptsache. Adieu, Kinder. *Sie [Anatol und
Clara] hören ihn nicht, da sie sich in einer leidenschaftlichen
Umarmung umschlungen halten.*

[…]

ANATOL *[zu Gabriele]* Sie können sich da nicht hineindenken!
… Man hat Ihnen zu viel verschwiegen, als Sie junges Mädchen waren – und hat Ihnen zu viel gesagt, seit Sie junge Frau
sind! … Darunter leidet die Naivität Ihrer Betrachtungen –

[…]

ANATOL Ich rufe also: Einzig Geliebte …! Und nun kommen
sie; die eine aus irgend einem kleinen Häuschen aus der Vor-
stadt, die andere aus dem prunkenden Salon ihres Herrn Ge-
mahls – Eine aus der Garderobe ihres Theaters –

[…]

ANATOL Frage das nicht. Sie hat in meinen Armen gelegen, das
genügt.

[…]

ANATOL Keine Beschimpfungen. Sie lag in meinen Armen; – sie
ist heilig.

Schuhschachtel 3.

Das Publikum der Aufzeichnung des »Anatol« an dem Abend vor 2 Jahren. Im Hotel Intercontinental in Berlin. Das Publikum aus dem Wiener Akademietheater. Das lachte in die langen preziösen Augenblicke zwischen den einzelnen Sätzen. Und es lachte richtig. So. Diese Pausen entstammen einer Theatertradition, die, diesem Lachen Raum schaffend, das Lachen erst herstellt. Auffordernde Pausen sind das. Ein Theaterstil, der in der Gesellschaftskomödie weitergepflegt wird. In Wien gibt es dafür das Theater in der Josefstadt. In London die Sprechtheater des Westend. In New York die Sprechtheater am Broadway. Im Fernsehen wird das Lachen vorproduziert und mitgeliefert. Ist vorgegebener Teil des Texts von sitcoms. Und immer sind es da ähnlich prätentiöse Figuren, die auf Kosten von einer oder einem Witzchen reißen. Humor ohne Opfer gibt es da nicht. Eine personale Sinneinheit muss zugunsten einer anderen abgewertet werden. In dieser Abwertung liegt dann der Spaß. So gesehen ist Al Bundy aus der Serie »Eine schrecklich nette Familie« ein später Nachfahre Anatols.

Beim Lachen an jenem Abend. Da lachte ein Publikum aus einer Zeit davor. Die Übertragung stammte aus dem Ende der 60er Jahre. Vielleicht frühe 70er. Das damalige Publikum lachte über einen Helden aus einer viel früheren Zeit. Der »Anatol« wurde 1889 bis 1891 geschrieben. Fin de siècle. Eine in autoritären Regeln erstarrte Gesellschaft. Doppelmoral höhlte diese Gesellschaft aus. Und hielt sie am Funktionieren. Der »Anatol« ist ein Dokument davon.

Die Zeit der Uraufführung und die Zeit dieser Übertragung. In beiden Zeiten wühlen Erneuerungswünsche die Gesellschaft auf. Die Jugend sucht einen neuen Sinn. Und. Die Frauen treten auf den Plan. In den 90er Jahren des 19. Jahrhunderts und in den 60er Jahren des 20. Jahrhunderts. Im »Anatol« finden wir nichts davon. Ein einziges Mal tritt ein Gesellschaftsveränderer auf. Er wird rasch von der Szene wieder entfernt. Gleich nachdem er lächerlich gemacht worden war. Die Nicht-Handlung verbleibt in nostalgischer Gelähmtheit.

Der Verlust der Kindheit wird bebildert. Der Verlust des kindlichen Allanspruchs. Der Verlust des Allanspruchs des männlichen Kinds, dem in der sich verbürgerlichenden Gesellschaft nur noch Pflichten zufallen. Statt feudal lustvoller Allmacht der nur im Namen aufgehobenen Existenz. Der Nationalstaat drängt sich in die bürgerlich romantisch konstruierte Psyche. Aber. Den Nationalstaat. Den gibt es in Österreich nur für alle anderen Völker. Das deutschsprachige Österreich muss sich weiterhin als imperiale Vorstellung entwerfen. In der kolonialen Auseinandersetzung über den Begriff »Volk und Staat« entgleitet der Oberschicht der feudale Allanspruch weiterhin. Bürgerliche Pflichterfüllung mit aristokratischen Formen. Die Beschränkung des Mannes in das Doppelkorsett bürgerlicher Pflicht und sinnentleerter feudaler Regeln und Vorstellungen ist die Folge.

Die unauflösliche Ehe ist eine so begründete Institution. Die Eheschließung mit einer unberührten Frau zur Erzeugung eines Erben in Koalition mit der Familie der Frau. Das war eine feudale Notwendigkeit. Wie die Besitz- und Erbregelungen ausschließlich agrarisch feudale Geschlechterpolitik waren und auf den Erhalt des patrilinearen Namens und der mit diesem Namen verbundenen Rechte und Privilegien ausgerichtet waren.

Während das feudale Leben vom Bürgertum als dekadent abgetan wird, bleibt das Feudale als Leitbild für die Söhne in Verwaltung und Militär der Monarchie weit über das Ende des 19. Jahrhunderts hinaus erhalten. Mann dient dem Kaiser. Nicht einer säkularisierten Vorstellung von sich selbst als Teil einer

Staatsvorstellung. Dazu ist die Konstitution weiterhin zu schwach. Die feudalen Formen und Ideale bleiben weiter wirksam.

Heute sind das die Fremdenverkehrsprospekt konstituierenden Eigenschaften der wienerischen Version der »sprezzata desinvolutra«. Bis heute. »Küss die Hand.« Immer gleich lauwarmen Temperaments sein. Und über Politik redet man nicht. Das ist wienerische tenue. Die Leerstelle »Kaiser«, dem gedient werden soll. Die ist in den Führerkulten der 30er Jahre sichtbar geworden. In dem raschen Ducken in die Opfermythologien nach dem Ersten und Zweiten Weltkrieg. Und. Die Gegenkulturen von rechts in Österreich sind und waren immer ein Versuch, diese Leerstellen zu erfüllen. Diesmal mit einem unversehrten Deutsch-Sein der Deutsch sprechenden Österreicher. In einer langen Kette von Interventionen versucht Jörg Haider dieses unversehrte Deutschtum zu konstruieren. Durch den Opfermythos der Kollektivschuld entkommen, soll mit Hilfe von Minderheitenpolitik ein heiles Deutschtum zumindest in Kärnten einmal hergestellt werden. Der neu angeheizte Ortstafelkonflikt ist ein Beispiel dafür. Der seit einem halben Jahr obligatorische Deutschunterricht für Asylbewerber und -bewerberinnen geht von einer Dominanzvorstellung der deutschsprachigen Mehrheit aus. Und nicht von einer Ermächtigung der Minderheit.

Alle diese gesellschaftspolitischen Operationen verlaufen immer auch die Geschlechterdifferenz entlang. Und darin ist Schnitzler im »Anatol« getreulicher Berichterstatter seiner Zeit. Genauso wie dann die Fernsehserie »Eine schrecklich nette Familie« für amerikanische untere Mittelschicht der 90er Jahre des 20. Jahrhunderts.

Der Blick der männlichen Hauptfigur im »Anatol«. Ich möchte hier Anatol und Max als eine auf 2 Sprecherinstanzen aufgeteilte Figur auffassen. Der Blick dieser Anatol/Max-Konstruktion geht jene Linie entlang, an der Macht und Geschlecht in eins fallend die gesellschaftlichen Möglichkeiten der Sprecher in diesem Text Theaterschauspiel beschreiben.

Die Geschlechterdifferenz ist mit der Klassendifferenz kongruent. Anatol, Max und die anderen Männer entstammen einer diffus beschriebenen Oberschicht. Übrigens ganz sicher Männer genau jener Schicht, die auch ins Theater ging. Anatol und Max führen ein Leben in komfortablen Umständen, ohne dass eine Ressource dieses Komforts sichtbar gemacht wird. Darin besteht ein großer Unterschied zu englischer Literatur der gleichen Zeit. Zu den jungen Männern bei Oscar Wilde und Henry James, die Geld brauchen.

Mit den Figuren in Texten ist es so wie mit den Personen im wirklichen Leben. Wobei ich zwischen Text und Leben nicht unterscheide. Realität ist als je schon vergangener Augenblick, und so nur noch erinnert wahrzunehmen, immer schon Text. Ein Text, der die gleiche Anleihe an den Wahrnehmungsmöglichkeiten des Lesers und der Leserin wie etwa das Lesen eines Romans nimmt. Auch für die eigene Erinnerung muss das jeweils gesamte Textwissen angewandt und die Wahrnehmung an die Textentschlüsselung geliehen werden. Im Fall der eigenen Erinnerung fallen Autorschaft des Umwandelns von Realität in Text beim Speichern und die Koautorschaft des Wiederlesens, also eine Art Entspeicherung, zusammen. Der Text unterliegt bei beiden Vorgängen Veränderungen. Das bedeutet, dass wir nicht autonom in unseren Erinnerungen sind. Der Roman unseres Lebens. Der folgt textuellen Strukturen. Der wird zum großen Teil von außen geschrieben.

Emanzipation bedeutet für mich daher, den Anteil der Eigenautorschaft so groß wie möglich zu gestalten. Also Ereignisse, Entscheidungen, Abläufe und Beobachtungen selbst zu formulieren. Also nicht zum Text anderer oder von Systemen zu werden und in der Erinnerung dann nur diese anderen oder die Systeme zu verwalten.

Transzendenz stellt hierin die radikalste Textform dar. Der Mörder erobert im Mord auch noch den Text des Ermordeten. Der Mörder schreibt sich auslöschend in den Text des Ermordeten. Der Ermordete ist nur noch Text des Mörders. Erinnerungsunfähig so. Das Opfer wird zum Text des Täters. Der Folterer schreibt sich in den Text des Gefolterten ein. Im Fall der Gewalt wird ja den Gefolterten die Autorschaft in der Gestaltung der Übernahmen in die Erinnerung genommen. Das »wie« der Erinnerung wird in diesen Taten mitgeschrieben. Der Albtraum stellt so eine Aktualisierung dieser Fremdautorschaft dar und in der Erinnerung an den Traum eine Dynamisierung dieser Fremdautorschaft. Die psychische Vergewaltigung von Gewalt besteht in der Entwindung der eigenen Koautorschaft an der eigenen Erinnerung. Die Erinnerung wird in Inhalt und Form Fremdtext, der die eigene Wahrnehmung usurpiert. Und verändert. Einer oder eine wird sich selbst mit Hilfe von sich selbst entzogen.

Je mehr nun eine Person am Eigentext bestimmt, umso mehr werden wir sie als eine bestimmte Person wahrnehmen. Zu diesem Eigentext gehören zunächst einmal Name, Geschlecht, Alter und Lebensumstände. Alle diese Sinneinheiten beschreiben den Grad der Autonomie dieser Person und wie weit wir dieser Person ein eigenes Wahrnehmungszentrum zukommen lassen können.

Eine namenlose Person in einem Amt etwa. Die Person wird uns nicht als ein solches eigenes, autonom entscheidendes Wahrnehmungszentrum erscheinen, sondern als eine im Akkord mit den Zielen und Regeln dieses Amts handelnde Sinneinheit. Schematisches Handeln werden wir in einem solchen Fall erwarten. Erwartungshaltungen diesem Amt gegenüber entwickeln sich aus Konventionen. Wir werden diese unbenannte amtshandelnde Person nicht als Person zur Kenntnis nehmen. Wir werden unsere Reaktionen mehr aus unseren von der Konvention geprägten Erwartungshaltungen beziehen und selbst schematisch reagieren. Auch wir sind im Blick dieser Amtsperson dann nur schematisch handelnde Sinneinheiten. Entpersönlichung geht so vor sich. Die Person muss nur noch in ihren Umrissen als Person zur Kenntnis genommen werden.

In der Literatur ist das nicht anders. Und auf dem Theater schon gar nicht. Wobei der Abstand der Autorinstanz zum Text sich daran misst, wie viel an Autonomie von der Autorinstanz den auftretenden Sprechereinheiten übergeben wird.

Treten zum Beispiel Sinneinheiten wie »der reiche Mann« oder »die alte Frau« oder »die Buhlschaft« auf, dann handelt es sich um Sprechereinheiten, die an die Autorinstanz gebunden sind. Die ganz im Entwurf dieser Instanz bleiben. Sie sind Sprechinstrumente von Autor-Aussagen. Sehr oft persönlich so. Etwa im »Jedermann« von Hofmannsthal. Die Sprechereinheiten solcher schematischen Sinneinheiten, in denen den Figuren immer nur eine Eigenschaft zugeschrieben wird, müssen als Teilchen des Uhrwerks sehr persönlicher Erlösungsvorstellungen des Autors herhalten. Die Leseform dieses Texts mimikriert die Leseform »christlicher Messetext«. »Katholischer Messetext«. Mitautorschaft am Text ist verboten. Der Text soll sich so, wie er ist, in die Erinnerung einsenken. Das Ritual ist Medium dieser erinnerungslosen Einsenkung. Dazu müssen Rituale erlernt werden. Ich bin sehr gespannt, wie die Salzburger Festspiele die Textform Ritual im »Jedermann« neu gestalten wollen. Obwohl. So schwer wird das nicht sein. Sätze wie »Das macht man so.«. »Da geht man hin.« »Das gehört sich.« Diese Sätze können die spezifisch unbewusste Leseform des Verkündigungstextes jederzeit herstellen helfen.

Anatol und Max sind benannte Sprechereinheiten. Allerdings tragen sie nur einen Vornamen. Der Umgang mit den beiden Sinneinheiten bleibt auf eine freundschaftlich intime Umgangsform beschränkt. Das gilt für alle 3 Ebenen, auf denen der Text Theaterschauspiel funktionieren muss. Das gilt für die Ebene des Sprecher-Texts. Das gilt für die Aktualisierung der Sprechereinheiten auf der Ebene der Theateraufführung. Also bei jener involven Transformation des Sprecher-Texts als quasi-realen Text des Schauspielers beim Sprechen dieses Sprecher-Texts. Und das ist für das Publikum bei der Theateraufführung gültig. Also beim Lesen der Aufführung. Das Publikum ist schon durch die Information des Programmzettels vorbereitet, dass Anatol Anatol ist. Dass keine Distanz zur Sprechereinheit Anatol durch einen Nachnamen hergestellt wird. Oder durch einen Titel. Oder durch eine Altersangabe. Der Entwurf des Anatol wird nur durch diesen prätentiösen Vornamen bestimmt. Der Schauspieler des Anatol muss den Anatol mit Hilfe seiner Mitspieler fertig schreiben. Die Vertrautheit mit Anatol wird durch die Teilnahme an Anatols Intimleben verstärkt. Das Bild eines Dandy wird vervollständigt. Kein Beruf. Keine Pflichten. Keine Erwähnung von pekuniären Realitäten. Ein kleiner Ausschnitt der ennuigeleiteten Existenz des Bonvivant, der sich in seinen Sprechertexten auch immer nur auf die vorgeführte Situation bezieht. Warum aber lacht das Publikum in den späten 60ern noch immer über den Anatol. Beziehungsweise. Warum lacht das Publikum an den dafür vorgesehenen Stellen.

Im Theater ist alles anders. Auch die Sache mit der Koautorschaft. In der gängigen Theaterpraxis ist es so, dass die Autorinstanz den Text an die Aufführung abgeben muss. Das gängige Regietheater hat dazu geführt, dass in der Inszenierung eine weitere Autorinstanz eingezogen wird. Die Verwirklichung des Texts auf der Bühne kann selber weit entfernt von den Autorintentionen des Dramatikers oder der Dramatikerin geraten. Und es ist mittlerweile bei Spielplänen, die zu 90 % Stücke aus dem 19. Jahrhundert und davor aufführen, zu erwarten, dass es eine kanonisierte Lesart des Texts Theaterschauspiel gibt. Dass es einen hermetischen Verschluss des Texts in die Kategorie Klassiker gibt.

Die Inszenierung tritt dann in die Ebene der Autorzuweisungen ein. Auf dieser Ebene wird dem Publikum eine Mitautorschaft abverlangt. Aber. Das Theaterpublikum ist eine Masse. Es ist ein einziges Lachen, in dem sich alle Anwesenden zu dieser Masse vereinigen. Diese Publikumsmasse ist selbstbewusst. Und. Die Bühne ist dreidimensional. Nur eine langtrainierte Konvention hält das Publikum davon ab, den Schauspielern in die Kulissen zu folgen und nachzusehen, was da hinter den Kulissen ist. Das Publikum bleibt sitzen. Meistens jedenfalls. Aber. Das Publikum sitzt da, wo der Regisseur auch saß. Bei seiner Arbeit der Inszenierung. 6. Reihe Mitte ist das meist. Das Publikum tritt in die Mitautorschaft aktiv ein. Übernimmt den Blick des Regisseurs auf die Bühne. Beurteilt die Bühne. Und stellt damit die jeweilige Aktualisierung des Texts Theaterschauspiel her. Denn. Auch das ist eine Konvention. Ein nie gelesener Text wird ein Text sein. Ein ungelesener Roman bleibt ein Roman. Eine ungesehene Fernsehserie bleibt eine Fernsehserie. Ein nie betrachtetes Bild ist ein Bild. Eine Theateraufführung ohne Publikum bleibt eine Theaterprobe. Die Theateraufführung als diese involve Transformation eines Textes in die Quasi-Realität der Theateraufführung kann nur vor dem Publikum vollzogen werden. Die Zuweisung des Textes an personale Sinneinheiten funktioniert nur in der Abmachung Bühne – Publikum. Die Mitautorschaft des Publikums in diesem Pakt ist notwendig. Ist Voraussetzung. Konstituierender Bestandteil.

Wenn also nun eine nur mit Vornamen ausgestattete Figur eines melancholischen Wiener Dandys auf die Bühne tritt. Wenn diese Figur, im Kanon festgelegt, allen bekannt ist. Dann übernimmt das Publikum endgültig den Blick des Regisseurs auf die Aufführung. Dann weiß das Publikum, wie diese Aufführung zu sein hat. Und wenn das dann der Fall ist. Die Aufführung der Übertragung im Fernsehen war vollkommen der konventionellen Lesart von Schnitzlerstücken verpflichtet. Dann lacht das Publikum. Es lacht. Wieder eine Theaterkonvention einlösend. Es ist das Unterhaltungslachen, das hier zu hören ist. Hier bei quasibedeutungsvollen Sätzen einer männlich verquälten Figur. Einer Figur, über die das Publikum als Regisseur – im Vergleich der kleinen Abweichungen der verschiedenen Schauspieler in der Interpretation – mehr weiß als der Schauspieler auf der Bühne, der der Figur seine Person und sein Wissen von Realität leiht. Imgrund aber ist es im »Anatol« dasselbe Lachen, wie wenn in »Tom und Jerry« Jerry sich wieder einmal mit dem Kopf voran in den Boden bohrt. Es ist das Zusehen bei Verletzungen. Im »Anatol«. Da werden die Frauen verletzt. Die Frauen sind die Landschaft seiner Selbstverliebtheiten. Und das wäre so vollkommen uninteressant, wäre der Unterhalt dieser Frauen gesichert. Wenigstens in diesem literarischen Text.

In der Wirklichkeit war das nämlich nicht der Fall. Damals. Lassen Sie mich eine kurze Bemerkung zur Situation der Frau um 1900 in Wien machen. Die Situation war der Berlins nicht unähnlich. Mangelnde Ausbildung und mangelnde Erwerbsmöglichkeiten. Viele Frauen kommen als Dienstmädchen in die Stadt. Wenn sie Anstellung fanden, dann waren sie ihrer Herrschaft fast rechtlos ausgeliefert. Wenn sie ihre Anstellung verloren. Oder wenn sie gar keine fanden. Dann gab es nur die Straßenprostitution. Dazu kam, dass vor der Sommerfrische den Dienstboten gekündigt wurde, um ihnen keinen Lohn über den Sommer zahlen zu müssen. Vor allem in den Sommermonaten bevölkerten also diese Frauen scharenweise die Straßen. Sie boten sich an. Ich erinnere an die Szene in Pirandellos »Die Nackten kleiden«. Die entlassene Gouvernante umrandet ihre Augen mit einem abgebrannten Zündholz schwarz. Mit diesem Schminken wird sie zur Hure.

In Schnitzlers Tagebuch finden sich Erwähnungen über die Bedrängnis durch diese Frauen, der sich ein Mann ausgesetzt fand. Besonders in den Sommermonaten. Es waren über 100 000 solcher Frauen auf den Straßen Wiens unterwegs. Und es findet sich ein anderes Problem in Schnitzlers Tagebuch. Die Syphilis. Wobei Schnitzler sich eher verwundert, dass er sich nicht ansteckte. Die Ansteckung von Freunden wird stürmisch gefeiert. Mit der Ansteckung hatte man »es« hinter sich gebracht. In der Tradition der Husarenprobe waren diese Männer nun ja vor der Ansteckung geschützt.

Für die Frauen bedeutete die Ansteckung Polizeigewahrsam und Zwangsbehandlung durch Ausgießen der Gebärmutter mit erhitztem Quecksilber. Eine medizinisch umstrittene Behandlung, die wohl mehr der Folter zuzurechnen ist.

Vor diesem Hintergrund sind die Frauen im »Anatol« zu sehen. Interessanterweise haben sie meist Berufe. Tänzerinnen. Schauspielerinnen. Zirkusreiterinnen. Immer sind es Berufe, die die Prostitution zumindest vorbereiten. Alle diese Frauen sind offensichtlich nur durch die Zuwendungen von Männern in der Lage zu überleben. Sie sind alle in die Pygmalion-Situation gezwungen. Sie können nur das sein, wozu der Mann sie entwirft. Und das umfasst auch die wirtschaftliche Seite. Aber auch das Zögern von Gabriele in den »Weihnachtseinkäufen« könnte wirtschaftlich begründet sein. Es ist nicht klar, wie Gabriele versorgt ist. Besitzt sie nämlich kein eigenes Vermögen, dann hat sie nach damaligem österreichischen Recht jeden Rechtsanspruch auf Versorgung verwirkt. So einfach kann das mit den Motiven literarischer Figuren auch sein.

Wie kann man dann aber über die Sätze von Anatol über die Frauen lachen. Das Publikum kann das mit Hilfe des chauvinistischen Blicks eines Regisseurs, der ganz im Akkord mit einer Lustspieltradition handelt. Eine solche Aufführung hat dann inhaltlich ungefähr das Niveau von Schwiegermutterwitzen. Wie aber können die Frauen im Publikum im Akademietheater lachen. Sie müssen ja über einen Abschnitt ihrer eigenen Geschichte lachen.

Vor einiger Zeit hatte ich ein seltsames Erlebnis. Im Akademietheater. In Wien. Es wurde »Claus Peymann kauft sich eine Hose und geht mit mir essen« von Thomas Bernhard gegeben. Über eine komplizierte Vorgeschichte kam ich erst lange nach Beginn der Vorstellung ins Theater. Ich wurde vom Platzanweiser auf den 1. Rang geführt und durfte dort stehend der Aufführung beiwohnen. Mein Begleiter war schon vor mir da hingestellt worden.

Im Text des Stücks werden im Restaurant alle österreichischen Institutionen als faschistisch bezeichnet. Und alle in der österreichischen politischen Realität handelnden Amtsträger als Nazis. Das geht dann so:

PEYMANN Wer ist denn das
ICH Der Vizenkanzler
    ein Nazi
[...]
PEYMANN Und der
ICH Das ist der neugewählte Bundespräsident
    ein alter Nazi

Das Publikum lachte. Bei der Bezeichnung »Nazi« wurde aufgelacht. Brüllend aufgelacht. Das Wort »Nazi« fiel, und eine Welle dieses brüllenden Gelächters brandete gegen die Bühne hoch. Es war, als atmeten alle Personen im Publikum in einem Atemzug. Als wartete es auf den Satzanfang. »Der Bundeskanzler.« Als hielte es hier den Atem an und atme dann erst gemeinsam in das Lachen aus, wenn der Bundeskanzler als »Dummkopf und Nazi« bezeichnet worden war. Ein hysterisiertes Lachen war das. Lachend glänzenden Gesichts saßen alle der Bühne zugewandt. Erwartungsvoll. Und die Schauspieler. – Kirsten Dene spielte Thomas Bernhard in Thomas Bernhards Verkleidung mit der armen dick gewordenen Nase. – Die Schauspieler lieferten die Pausen für das Lachen. Bühne und Publikum waren in diesem Wechselgesang von Naziausrufen und Gelächterwellen vereint. Bühne und Publikum hatten einen Rhythmus gefunden. Ein vereinigender Rhythmus war das. Bühne und Publikum waren zu je einer handelnden Sinneinheit verschmolzen, und jede dieser Sinneinheiten peitschte die andere auf. Noch eine winziges Päuschen länger. Vor »Nazi«. Und das Publikum konnte noch erlöster in das Lachen fallen. Und. Es gab Szenenapplaus. Die Grenze Bühne – Publikum war aufgehoben. Die beiden Sinneinheiten kommunizierten direkt miteinander. Sie eigneten sich diesen Text an. Ein Text, von dem der Autor wollte, dass er nie vor österreichischem Publikum gespielt werden sollte. Ich dachte, dass ihm diese Inszenierung Recht gab.

Aber. Worüber wurde gelacht. Es wurde darüber gelacht, dass alle Österreicher Nazis sind. Alle anderen. Alle, die nicht da sind. Es sind ja immer alle anderen, die nicht da sind. Im Theater gilt das als Grundregel, und ich halte die moralische Anstalt darin auch für vollkommen gescheitert. Ja. Ich denke, sie konnte nie als solche funktionieren, weil das vermasste Publikum auf dieser Abgrenzung besteht. Diese Abgrenzung stellt das Theaterpublikum überhaupt erst her. An diesem Abend waren eben alle anderen, die nicht da waren. Die waren Nazis. Obwohl natürlich auch die anwesenden Österreicher sich hätten angesprochen gefühlt haben müssen.

Die Bühne legte die Aussage vor. Das Publikum bestätigte durch das Lachen diese Aussage. Das Publikum trieb mit dem Lachen den Dialog Bühne – Publikum weiter voran. Jeder weitere Satz dieser rabulistisch übertriebenen Aussage einer Ausgrenzung erfüllte die einmal hergestellte Erwartung und belohnte und forderte zugleich die Fortsetzung.

Im Theater heißt das, »der Abend funktioniert«. Und es ist eben diese Art der Kommunikation, die die Aufführung des Textes Theaterschauspiel zu diesem kommunikationstechnischen Sonderfall macht.

Die Ausgrenzung der anderen. Derer, die nicht da waren. Auf diese Ausgrenzung einigte sich diese lustvolle Kommunikation des Abends. Der Text des Stücks wurde neu geschrieben. Die Masse Publikum schrieb die Intention des Regisseurs zu Ende. Wie gesagt, johlende Ausgrenzung war das. »Schlimme Kinder.«, durfte das Publikum sich denken. »Einmal auf die Obrigkeit mit dem bösen N-Wort hinhauen.« Das reißt zu Szenenapplaus hin. Die Intention des Regisseurs war dieser funktionierende Theaterabend. Die Vernutzung des Begriffs »Nazi« in Kauf genommene Komödiantik. Und alle waren in diese Überschreitung vereint. Und es ist diese Vereinigung, die ich so bestürzend finde. Es ist die schiere Möglichkeit, dass diese Vereinigung stattfindet. Dass normale, eher sehr konservative Personen der Wiener oberen Mittelschicht sich dunkel anziehen und ins Theater gehen und dort sich durchaus faschistisch zu einer Masse zusammenballen und dabei beim Wort »Nazi« in hysterisches Freudengebrüll ausbrechen. Das finde ich unerträglich. Zumal das Publikum diesen Text gar nicht mehr vorgelegt bekommen sollte.

An diesem Theaterabend wurde der Begriff »Nazi« zwar durchaus verdreht massebildend eingesetzt. Es wäre durchaus möglich zu sagen, nach diesem Vorgang verbliebe höchstens ein Surrogat dieses Begriffs übrig. Aber. Ich bin Surrogaten gegenüber misstrauisch. Ich halte die bedeutungsstiftenden Möglichkeiten von Surrogaten für nicht unerheblich. Die Karriere von Jörg Haider benutzt eine ähnliche Strategie, wie der Regisseur des Abends. Und so wie der Abend funktioniert, so funktionieren Haiders Interventionen.

Nun gibt es aber noch eine österreichische Besonderheit. Es gibt als Erbschaft aus der Zensur und den Versammlungsverboten des 19. Jahrhunderts bis heute die Theaterpolizei. In jeder Theateraufführung sitzt ein Polizist mit dabei. Es gibt kein Gesetz für diese Übung. Dieser Polizist sitzt aufgrund eines einfachen Erlasses aus dem Innenministerium da. Ich finde das eine unerträgliche Übung. Weder das Theater noch die Öffentlichkeit müssen voreinander durch Polizisten beschützt werden. Ein ausführlicher Diskurs wäre da hilfreicher.

Für den beschriebenen Theaterabend hieß das nun, dass der Polizist, der die Institutionen des Staates ja nun verteidigen soll, dabeisitzt, wenn alle diese Institutionen und deren Vertreter als nazistisch abgekanzelt werden. Und das Publikum sich dieser Beschreibung fraglos anschließt. Ja, der Polizist hätte das Theater gegen mich schützen müssen, wenn ich mich zu einem Zwischenruf hinreißen hätte lassen. Dann wäre dieser Polizist in seiner goldbetressten Galauniform aufgestanden und hätte mich hinausgeführt. Dieser Polizist. Er saß rechts oben in der letzten Reihe am Rand. Dieser Polizist lachte nicht mit. Ich lachte nicht. Er lachte nicht. Alle anderen waren hingerissen der Bühne zugewandt.

Mein Begleiter hatte sich auf die Stufen gesetzt. Er schrieb etwas auf einem Notizblock auf. Das Stück war zu Ende. Tosender Applaus brandete auf. Tosender Applaus, dem man oder frau nicht beitreten kann. Das ist etwas Peinliches. Obszönes. Ich verließ sofort den Zuschauerraum. Ging in das Foyer und wartete auf meinen Begleiter. Ich wollte das Theater sofort verlassen und keiner dieser durch diesen »funktionierenden Abend« erfrischten Personen über den Weg laufen. Diese Personen haben etwas Aufgelöstes an sich. Etwas sich wieder Normalisierendes. Jedenfalls sind sie in einem Zustand, den ich privat sehr richtig finde. In dem ich andere Menschen aber nicht antreffen möchte.

Ich stand im Foyer. Die Schwingtüren gingen auf. Mein Begleiter stürzte heraus. Der Polizist hielt ihn im Polizeigriff. Riss ihm den Arm hinter der Schulter hoch und warf ihn gegen die Wand des Foyers. »Das mach ma da net.«, sagte der Polizist zu meinem an die Foyerwand gepressten Begleiter. Ich warf mich über den Arm des Polizisten und zerrte ihn von meinem Begleiter weg. Der Polizist nahm mich gar nicht wahr. Er stand schnaufend da. Starrte meinen Begleiter an. Drohte mit Verhaftung. Er ging noch einmal auf den Begleiter los. Ich hing dem Polizisten über den Arm und rief die ganze Zeit, die beiden sollten das lassen. Irgendwie gelang es mir, meinen Begleiter wegzuziehen. Ich kenne die Wiener Polizei. Vor Mitternacht wären wir nicht weggekommen. Ich hatte Hunger. Und ich kenne die Praxis der österreichischen Gerichte, die Aussage eines Polizisten über alle anderen Berichte zu stellen. Ich hatte keine Lust, wegen solcher Burschenspielchen auf mein Abendessen zu verzichten. Der Tisch im Restaurant war bestellt. Die beiden Männer ließen dann auch voneinander. Wir gingen. Das Foyer war leer. Alle Platzanweiser und Garderober waren verschwunden. In der Übung der Bewohner von Diktaturen hatten sich alle aus dem Staub gemacht, um bei keinem Polizeiübergriff anwesend zu sein. Und dann womöglich Zeuge sein zu müssen.

Was war geschehen. Mein Begleiter war auf den Stufen gesessen. Bei Aufbranden des Applauses hatte der Polizist ihn ins Hinterteil getreten. So von seinem Sitz aus, und hatte gesagt, er solle aufstehen. Und zwar schleunigst. Mein Begleiter kommt aus Frankfurt. Bürgerrechte sind da ein bekanntes Ding. Mein Begleiter dachte, dieser Mann in Uniform sei ein Feuerwehrmann. Er konnte sich gar nicht vorstellen, dass ein Polizist mit Amtsfunktion in einer Theatervorstellung sitzen könnte. Der Polizist hatte dann noch einmal zugetreten, und mein Begleiter hatte den Polizisten zur Rede gestellt. Der Polizist hatte ihn einfach abgeführt. In der hysterischen Hinwendung auf die Bühne hatte das niemand bemerkt. Oder wenn es jemand gesehen hatte, dann wurde da eben ein Faschist abgeführt. Der Irrsinn, dass das gerade von einem Theaterpolizisten der Fall sein sollte. Das wäre niemandem in dieser emotionalen Aufladung seltsam vorgekommen. Jedenfalls handelte der im Stück als Nazi denunzierte Vertreter der Staatsorgane gewalttätig. Automatisch gewalttätig. Und ohne einen Einspruch der gerade zu Antifaschisten verschweißten umsitzenden Personen gewärtigen zu müssen. Aber wie gesagt. Ich erwarte von der moralischen Anstalt ohnehin keine Moral. In der Logik des Texts dieses Abends war dieser Vorfall ja richtig. Hetze funktioniert so. Da werden dann keine Tatbestände erhoben. Da wird hingetreten. So gesehen, hatte der Polizist nach Text funktioniert.

Lachen im Theater. Das Lachen eines Theaterpublikums. Das ist dann letzten Endes das tödliche Lachen der Verurteilung. Das Dabeistehen bei der Hinrichtung. Und immer mit der Schadenfreude, dass es einen oder eine andere trifft.

An dem Abend im Hotel. Da klang dieses Lachen aus dem Fernseher. Da waren es die Frauen, über die dieses Lachen ausgesprochen wurde. Und Anatol und Max gaben ihre kleinen Gebrauchsanweisungen der Frauen zur netteren Ausgestaltung ihres Ennui von sich. Eine kleine Pause. Dann wird die Pointe geliefert. Das Publikum lacht. Und die Frauen lachen am lautesten. Es sind ja auch immer die anderen Frauen gemeint. Die Frauen, die nicht im Theater sind. Eine Masse kann Kritik nicht auf sich beziehen. An einer Masse prallt eine solche Kritik ab und richtet sich nach außen. Und. Die Masse Publikum im Unterhaltungsstück ist da besonders unerbittlich.

Schuhschachtel 4.

Berlin. 26. Jänner 2002. Die Frau sitzt auf einem Einzelsitz an der Rückwand eines U-Bahnwaggons. Die Frau ringt um Atem. Es sei schrecklich, sagt sie. Und weint. Es sei furchtbar. Aber es müsse sein. Man müsse das wissen. Müsse das erfahren haben. Wie schrecklich das gewesen sei.

Ich sehe einen Bericht über eine Straßenaktion zum Holocaust-Gedenktag. U-Bahnwaggons waren mit der Aufschrift versehen worden. »Zutritt für Juden verboten« stand da. Und das Zutrittsverbot war gegenüber Passagieren durchgesetzt worden. Sie waren in andere Waggons abgedrängt worden. Die Frau berichtete offenkundig davon. Von diesem Abdrängen. Von diesem Ausgestoßen-Werden. Aber. Bei aller Aufwühlung der gerade erlebten Erfahrung. Weiß diese Frau nun wirklich etwas. Über das Opfer-Sein. Über das Jüdisch-Sein in Deutschland. Über den Holocaust. Kann man oder frau auf diese Weise etwas erfahren. Überhaupt. In Probesituationen. Und was wird diese Erfahrung auslösen. Einen brennenden Feldzug gegen Rassismus. Wohl eher nicht. Die bestürzende Erfahrung der Ausgeliefertheit des Opfers in einer künstlichen Anordnung. Allein. Die Bereitschaft dieser Frau, sich betreffen zu lassen, wird sich am Ende wohl eher als Einweisung in Vermeidungsstrukturen erweisen. Was hatte diese Frau auch anderes lernen können. In dieser Aktion. Oder in ähnlichen. Das Opfersein. Das schüchtert zuallererst einmal ein. Die NPD verbieten. Ja. Alles gegen die Wiederholung tun. Ja. Aber sonst.

Ich möchte dieser Frau nun nicht absprechen, couragiert zu

intervenieren. Sollte sie auf einen rassistischen Konflikt treffen. Aber. Während diese Frau sich betreffen lässt, läuft die Wiederholung.

Währenddessen hat der Staat mitgeholfen, die NPD mit aufzubauen. V-Männer bekommen für ihre Berichte bezahlt. Denke ich. Für rechtsextreme Neigungen bezahlt zu werden. Und gleichzeitig die Information über diese Neigungen steuern zu können. Rechtsextremes Staatsstipendiatentum. Das passt in einen politischen Text, der sich mehr von Karl May und dem »Grafen von Monte Christo« herleitet. Und von der Verhörliteratur Kalter Kriegszeiten. Das gehört in einen politischen Text, der sich seiner patriarchalen Mythen nie begeben hat. In dem sich die ideologischen Gegner des Nationalsozialismus in einem hochfahrenden Gestus von Aufklärung auf die Kritik von Antisemitismus und expansiv nationalem Militarismus beschränkte. Alle anderen Sinnbereiche blieben ausgeklammert. Das war nicht zu Ungunsten der Kritiker. Der patriarchale Text blieb so intakt. Faschismus als Verirrung verdammt. Da können dann alle anderen Konstruktionen unverändert bleiben. Das betrifft vor allem die Geschlechterdifferenz. Konstruktionen wie Held. Heimat. Soldat. Männlich. Weiblich. Schicksal. Die Konstruktion Held etwa führt in der Praxis den Vorsitzenden einer kleineren Gruppierung (Stoiber) fraglos in die pole position über die Vorsitzende der größeren Partei (Merkel). Weil eben nur ein Mann als Projektionsfläche gesellschaftlicher Gefühle denkbar ist. Und das ganz selbstverständlich so. Ja. Natürlich so. Es erweist sich für die Machthabenwollenden als günstig, dass die Konstruktion Held im Führerprinzip spöttisch abgetan werden konnte. Als Verirrung. Als Massenpsychose. Eine kritische Dekonstruktion des Prinzips gab es nicht. Und so können weiter Männerkonstruktionen à la Karl May die Welt beherrschen. Dass Jeffrey Skilling, ein CEO von ENRON, sich dann wirklich der unbedingten und fraglosen Gefolgschaft seiner Untergebenen bei Lagerfeuern in den Anden versichert. Das ist nur einer der peinlicheren Beweise. Dass ENRON mit diesem Management in die größte Pleite aller Zeiten geriet, ist da kein Widerspruch. Sie hätten dem Mann alles geglaubt. Er sei ein Gott gewesen. Unantastbar. Es sei immer geschehen, was er gewollt hatte, und niemand hätte gefragt. Er sei eben so faszinierend gewesen. Mitreißend. Erhebend. Sie könnten sich aber auch nicht mehr so genau erinnern, wie das alles gewesen sei, sagen die arbeitslosen Mitarbeiter. Sie wüssten nicht mehr, worin diese Faszination bestanden habe. Genau. Aber es sei die schönste Zeit gewesen. Irgendwie. Solche Beschreibungen nicht mehr erinnerlicher, aber angenehmer Erinnerung. Die kenne ich von den Schilderungen, wie es gewesen war. Auf dem Heldenplatz. Und sonst. So angenehm ist eine solche der Erinnerung entkleidete Erinnerung eines Gemeinsamen in der Masse, dass sehr viel mehr Personen Erinnerungen an den Heldenplatz haben, als da gewesen sein konnten. Die Bilder der Wochenschau scheinen hier erinnerungsstiftend in die Erinnerung der Einzelnen aufgenommen worden zu sein. Kollektive Erinnerungsbilder werden hier in die privaten Erzählungen vom eigenen Leben inkorporiert. Teilnahme ist ja auf vielerlei Art möglich.

Während die Frau im U-Bahnwaggon in der Nachrichtensendung am 26. Jänner entsetzt in die Kamera schaut, läuft zur gleichen Zeit in Berlin die Wahl zur Miss Germany. Ein Fernsehmitschnitt dieser Inszenierung wird am nächsten Abend ganz Deutschland an diesem Vorgang beteiligen.

Die Teilnehmerinnen an dieser Wahl zur schönsten Frau Deutschlands wurden von sat 1 zuvor in ein Lager geschickt. Camp heißt das da. In täglichen Berichten aus diesem Luxuslager. Auf Mallorca oder Teneriffa. Ich habe nicht Acht gegeben. In täglichen Berichten wird über die Stimmung in der Gruppe berichtet. Über Fraktionsbildung. Über Intrigen. Und über die Freizeitmöglichkeiten in dem Ressort, in dem das Lager stattfindet. Diese Berichte profitieren von allen mobbing shows des Typs »Big Brother« und »Survivor«. Diese Shows haben nicht nur mobbing als gesellschaftliche Normalität in aller Offenheit und unwidersprochen fixiert. Ich denke, viel bedeutsamer ist, dass eine psychologisierende Therapiesprache endgültig als basale Verständigungsform etabliert wurde. Fernsehserie, talk show und mobbing show. Konflikte. Zusammenstöße. Hierarchien. Ungerechtigkeiten. Es gibt nur noch die Beschreibung davon. Die Beschreibbarkeit von Befindlichkeiten mit Hilfe therapeutischer Begriffe ist das Ziel. Der oder die andere und die mit dieser Existenz verbundenen Konflikte dienen ausschließlich der Selbstbeschreibung. Die Möglichkeit, eine Beschreibung »Ich bin so. Oder so.« abliefern zu können. Und zu wollen. Das reicht für ganze Medienkarrieren. Wie etwa gerade für Nadja Abd el Farrag. »Naddel« teilt in endlosen Auftritten mit: »Ich bin ein Mensch, der ...«, und dann folgt eine Reihe von Eigenschaften, die in therapeutischer Selbstsicht verknüpft werden. »Ich bin ein Mensch, der auch einmal ein gutes Buch liest. Ich bin nicht vergnügungssüchtig.« Mittlerweile wird die Öffentlichkeit an der Austestung von Naddels Haaren auf Kokainkonsum auf mehreren Fernsehkanälen beteiligt. Wobei nicht ganz klar ist, ob Naddel nun wirklich ein eigenes Büschel Haare geopfert hat. Oder doch von der Perücke. Und ob das Zögern, den Lockenschnitt vorzunehmen, mit der Überlegung zu tun hat, wie groß das Risiko sein könnte, eine Locke von der Perücke zu nehmen. Ob die Lieferantin der Haare für die Naturhaarperücke Drogen konsumierte. Oder nicht. Aber. Mit diesem öffentlichen Bekenntnis, in einer Welt der Partys und der Drogen zu verkehren, aber ein Mensch zu sein, der so etwas nie nehmen würde. Damit deckt diese Person Sehnsüchte und Ängste aus einer entwicklungspsychologisch sehr frühen Schicht ab. Es geht um die Angst vor Chaos und die in Sexualisierung der Aggression gedrehte Sehnsucht danach. Mit der Aussage, ein Mensch zu sein, der das nie nehmen würde, liegt eine Entwindung aus dem Chaos vor. Mit der Frage nach dem Lebenswandel und dem Drogenkonsum ist die Frage nach der Teilnahme an der Orgie gestellt. Die Karriere der Medienkonstruktion Naddel hängt nun davon ab, wie lange diese Ambivalenz behauptet werden kann. Jene Ambivalenz, vor der der nationalsozialistische Text in Eindeutigkeit von Zugehörigkeit und in die Sexualisierung politischer Gewalt rettete. Jene Ambivalenz, die der postmoderne Unterhaltungstext in steter Bereitschaft hält. Dieses Aufrechthalten der Ambivalenz in vollkommener Entpolitisierung wird durch die Therapiesprache gewährleistet. Die Konfliktbeschreibung wird auf die einzelne Person zurückgeführt. Alle Begründungen sind in den Personen beschlossen. Das ermächtigt zum Gespräch über sich. Aber das wirft in eine Art therapeutischen Darwinismus zurück. In jedem Fall führt es dazu, dass die Missen nicht weinen dürfen. Dann. Bei der Auswahl.

Die Miss-Wahl. Ein Laufsteg führt im Dreieck um eine Vertiefung. Ein Loch. Auch der sehr breite Laufsteg lässt so Fehltritte nach rechts und nach links zu. Ja. Ein Fall in die Grube ist immer auch möglich. An der Rückwand eine breite Schiebetür. Stufen zum Laufsteg herunter. Den rechten Schenkel des Laufstegdreieckes entlang der Tisch der Juroren. Der Auftritt der Juroren. Ich bleibe hier absichtlich beim Archilexem. Dieser Auftritt erfolgt aus dem Publikum. Paarweise kommen die Juroren aus verschiedenen Richtungen auf den Jurorentisch zu. Heterosexuell angeordnet ist das. Die Frauen schlängeln sich vor den ihnen lächelnd den Vortritt lassenden Männern zwischen den Tischen durch. Als wären sie Vertreter aus dem Publikum, bleiben die Juroren immer auf einer Ebene. Sie steigen nirgendwo hinauf. Fallen nirgendwo hinunter. Ein Schöffensenat aus dem Publikum. Harmlos. Nett. Lustig. Keine pompösen Richter. Jedenfalls. Angesagt werden die Juroren aus dem off. Vorher trat der Conférencier auf. Die paternalistische Herrlichkeit eines Kuhlenkampff musste Zeitgemäßerem weichen. Ein nettes kleines Bürschchen, das auch schon aus dem Vorbereitungslager berichtete. Eine Art brüderlicher Eunuch ist das. Einer, der diese Frauen nicht für sich beanspruchen wird. Einer, der Platz lässt für alle Besitzfantasien. Und einer, der mit den Missen auf gleicher Ebene interagieren kann. Damit schauen die Missen dann nicht so vernutzt aus. Oder beschränkt. Wenn sie sich neben einem sexuell insignifikanten, also einem unheldischen Mann bewegen. Damit wird, wie auf vielen Bedeutungsebenen, verändert, was weiblich bedeutet. Und was männlich. In keiner Weise berührt diese Veränderung jedoch den Wert von männlich und weiblich. An der Ableitung des Weiblichen als sekundär vom Männlichen ändert das überhaupt nichts. Weiterhin spricht der Mann und beschreibt die Frau. Die Frauen bringen sich als Illustration dieser Beschreibung zur Erscheinung. Der Wert errechnet sich aus dem Abstand zwischen diesen beiden Vorgängen. Und der kleine Conférencier sagt dann ja auch, jetzt käme etwas zum Entspannen, wenn die Missen auftreten.

Für diesen Auftritt rollen die Türen an der Hinterwand auseinander. In einem kleinen Raum steht die erste Gruppe von Missen bereit. Angeordnet. Sie steigen gemeinsam die Stufen zum Laufsteg herunter. Aufgereiht stehen sie da. Angestellt. Ihre Nummern werden aufgerufen. Ihre Nummern, dann der Name und dann ihre Beschreibung in der Missenskala. Also »Miss Ostdeutschland« oder »Miss Bayern«. Nach dem Aufruf geht jede der jungen Frauen auf eine Position auf dem Laufsteg. Das tun sie zuerst einmal im Abendkleid. Dann verschwinden sie wieder. Kleine Filmchen von den Teilnehmerinnen werden vorgeführt. Aufgenommen im Lager auf der Insel. Dann kommen sie im Badeanzug wieder. Und dann findet die erste Herauswahl statt. Die Frauen werden wieder mit ihrer Nummer aufgerufen. Sie steigen auf einen Podest. Mit Licht und Musiksignalen wird jeder dann bekannt gegeben, ob sie bleiben darf. Oder gehen. Rot heißt hinaus. Nach rechts. Grün heißt bleiben. Nach links. Die Kamera nimmt Brustbilder auf. Vom Augenblick der Entscheidung. Busen muss immer sein. Dann die Totale des Abgangs. Und wie gesagt. Es darf nicht geweint werden. Jede hat sich schließlich selbst entschieden. Jede hat gewusst, worauf sie sich eingelassen hatte. Jede hatte bereits Erfahrung. Und Unruhefaktoren, wie spontane Reaktionen, die gehören nicht in den Unterhaltungstext. Gehören nicht in die Unterhaltungsinszenierung. Und es weint ja auch keine. Die Psychoarbeit im Lager tut ihre Wirkung. Alle haben die Sätze von der Selbstverantwortung schön verinnerlicht. Heute erklären sich die Lämmer selber den Weg zum Schlachthof. Ein Recht, dass sich auf die gelebte Erfahrung des Vorgangs berufen könnte. Ein solches Recht beansprucht keine. Es könnte ja sein, dass die Erfahrung doch ganz anders als die Vorstellung ist. Und unerträglich. Aber. Die Inszenierung mit den zugerichteten jungen Frauen zwingt sich über die vor der Kamera jeweils erfahrene Realität.

Die Frau aus dem U-Bahnwaggon. Mit ihren schockiert geweiteten Augen. Den Tränen nahe. Um Fassung ringend. Ihr Gesichtsausdruck entspricht dem der abgewiesenen Missen. Und. Diese Frau im U-Bahnwaggon. Sie hätte durch das Ansehen der Miss-Wahl ihr historistisches encounter training vervollständigen können. Türen werden aufgerollt. Aufruf nach abstrakten Kriterien. Vortreten. Ins Licht treten. Die Auswahlkriterien nicht kennen. Sich aufstellen. Von einer Stimme von irgendwo eine Richtung zugewiesen bekommen. Und abtreten. Dahin.

Was bedeutet das nun, dass eine solche Inszenierung gewählt wird. Und was bedeutet es, dass so viele Strukturelemente der Selektion ohne Probleme in den Unterhaltungstext umgeschrieben werden können.

Zumindest bedeutet das, dass der Unterhaltungstext eine große Toleranz solchen Strukturen gegenüber aufbringt. Ja. Dass diese den Unterhaltungstext erst herstellen. Also verschoben die emotionale Kultur unbefragt sich weiterbetätigen kann. Und es zeigt sich. Der Zuseher und die Zuseherin des Unterhaltungstexts werden am Tätertext beteiligt. Das liegt nicht zuletzt an der für das Funktionieren notwendigen Vermassung des Publikums. Vermassung, das bedeutet die Übergabe der Mitautorschaft am Text, um darin die Vermassung zu verdecken. – Jedes Lesen braucht ja die Aktualisierung aller Möglichkeiten der Wahrnehmung des Lesers oder der Leserin. Jeder Leser und jede Leserin schreibt den Text im Lesen neu. In der Vermassung wird diese Mitautorschaft in ein Lesen aller vereinigt. In *eine* Wahrnehmung. Immer geht es dabei um die Sehnsucht nach Ordnung und die sexualisierte Abwehr der Unordnung. Deshalb kann das Theater als politische Anstalt eines Antifaschismus nicht funktionieren. Solange Intendanten und Regisseure den funktionierenden Theaterabend wollen, sind sie nicht weit von der Inszenierung der Miss-Wahl entfernt. So eine Verstoßung vor Publikum. Und welcher Klassiker handelt nicht davon. Da kann das Publikum alles haben. Mitautor im Beiwohnen. Das Publikum selektiert als Jury mit. Und das Publikum wird verstoßen. Als schöne junge Frau. Der sadomasochistische Kreis ist geschlossen. Und im Schlussapplaus für die gewählte Miss wird alles wieder gut. Katharsis. Kathartisches Vergessen. Alle verstoßenen Missen kommen wieder gelaufen und umstürmen die gewählte Jungfrau. Canetti hat in »Masse und Macht« mehrere Beispiele angeführt, wie die Rituale der Erwählung des Opfers aussehen.

Zu ihrer Erfahrung als Opfer aus dem E-Text der Straßenaktion zum Holocaust-Gedenktag könnte die Frau aus dem U-Text die Tätererfahrung fügen. Und das wäre dann das Textpanorama, das alle Sinneinheiten speichert. Von damals. Auch die von damals. Und es liegt ja an der Mitautorschaft des Lesers oder der Leserin, wie der Text dann jeweils endgültig gedeutet werden wird.

Die Textauslegung beruht auf im Text vorhandenen und darin mitgeteilten Auslegungsvereinbarungen. Wenn Jörg Haider sagt, er werde den Saustall in Wien ausmisten. Dann sieht das von außen wie eine schlechte Metapher aus. Abgebraucht. Altmodisch. Nostalgisch. Die 4% Anteil von Bauern an der österreichischen Bevölkerung. Ein Vergleich aus der Landwirtschaft wird von diesem Anteil nicht getragen. Die lassen ein solches Bild schlecht gewählt erscheinen. Aber die, die den Text populistisch auslegen. Die Personen, die im populistischen Text konkrete Weltauslegung und Handlungsanleitung finden. Die sehen Mistgabeln vor sich. Und wie in den Saustall eingedrungen wird. Und Ordnung geschaffen. Und wieder ist die in sexualisierte Gewalt gewendete Abwehr von Unordnung wirksam. Von diesem Ordnung-Schaffen geht eine Versprechung auf Befriedigung aus. Auf Gratifikation. Wenn es gemeinsam gemacht worden ist, dann wird ein ganz besonderer Zustand der Wohligkeit eintreten. Nach der Extase des Ausmistens. Im Bierzelt. Da lässt sich mit solchen Vorstellungen ein Hochgefühl herstellen. Die Sehnsucht nach Lebensintensität. Nach einer Steigerung von Lebensintensität. Für Augenblicke blitzt da die Möglichkeit davon auf.

Postmodernerweise funktioniert das auch andersherum. Wenn Stefan Raab in »tv total« eine Strafbank vom Eishockey aufstellt, auf der »Keine Macht den Drogen« geschrieben steht. Und wenn er Witze darüber reißt, dass dieser fromme Slogan da zu lesen ist. Dann können Zuseher und Zuseherin in einer Mitautorschaft wissen, dass er es imgrund nicht so nihilistisch rebellisch meint. Letzten Endes. Letzten Endes wird einem oder einer suggeriert. Letzten Endes ist er doch ein ordentlicher Kerl. Letzten Endes ist er gegen Drogen. Auch wenn es in Stefan Raabs Text keinerlei Hinweis auf eine basale soziale Verabredung in dieser Richtung gibt. Die jeweils aktualisierte Mitautorschaft leistet eine solche Verankerung. Das Publikum der Show schreibt den Text zu Ende.

Politik.

Berufung. Erleuchtung. Bekehrung.
Heiligung. Ordo salutis.

Vor vielen Jahren. Es kann sogar noch in den 60ern gewesen
sein. Ich kann mich nur an das Fernsehbild erinnern. An die
Nachrichtenmeldung. Ich sehe nur den Bildschirm vor mir. Ich
weiß, dass ich allein vor dem Fernsehapparat saß. Ich weiß nicht
mehr, ob dieser Fernsehapparat in der Wohnung meiner Eltern
stand. Oder dann schon in meiner eigenen. Die Begebenheit
kann also 35 Jahre her sein. Oder 30 Jahre. 25. Es war ein Bericht
von einer Naturkatastrophe. Ein Erdrutsch. Irgendwo in Tirol.
Ungewöhnlich lange Regenfälle. Abholzungen. Riskante Hang-
verbauungen. Eine Schlammlawine war niedergegangen. Mehrere Häuser waren unter den Schlamm- und Erdmassen vergra-
ben. Suchmannschaften gruben nach Überlebenden. Das Bild
dann. Die kurze Szene, die mir in Erinnerung geblieben. Einer
der Retter. Ein großer, kräftiger Mann. Er ist von unten aufgenommen. Steht oben. Sieht nach unten. Suchend. Beugt sich
vor. Fixiert einen Punkt. Greift nach unten und zieht mit einem
Ruck den Körper eines Kindes aus dem Schlamm vor ihm.
Er zieht den Körper hoch. In die Höhe. Mit einer Hand hält er
den schlammüberzogenen, nassglänzenden Kinderkörper. Der
Mann hält die Kinderleiche mit einer Hand an einem Bein. Am
Knöchel. Er hält die Leiche weit von sich. Der Schlamm. Er sieht
auf die baumelnde Kinderleiche. Dann Schnitt. Und die nächste
Nachricht. Wahrscheinlich kam dann etwas Netteres. Sport.
Oder Kultur. Die Nachrichten damals funktionierten noch in
der Tradition einer täglichen Verkündigung. Erst die Vorfüh-
rung der Misslichkeiten, dann die Verführung in die Entlastung.

Diese Entlastung der Nachkriegszeit, dass man doch auch etwas Schönes haben dürfe. Wieder. Dass es einem doch auch gut gehen dürfe. Wieder. Wobei das dann ohnehin nur den Schweinsbraten meinte und in die Besessenheit der Medien mit Kochen und Essen mündete. Esskultur als Überwindung der Kriegserinnerung. Belohnung, auf die man ein Recht hätte. Ein ungenaues schlechtes Gewissen, das mit dem Gefühl, nun selbst genug gelitten zu haben, im Schweinsbraten mit Knödel und Krautsalat als Sonntagsessen erstickt wurde und zu dicken Bäuchen und beruhigter Seele führte. Das war die sehr österreichische Version, das Vergessen zu inszenieren. Von Anfang an. Das ist der Vorgang, der weiter inszeniert werden muss. Die politische Situation in Österreich im Augenblick ist darin nur ein übersichtlicherer Teil dieses Vorgangs. Ketten vieler Geschehensstränge bündeln sich in dieser Regierungsbeteiligung der Freiheitlichen Partei. Und dass dies in der Koalition mit der christlich konservativ-bürgerlichen Volkspartei geschah, ist aus der Konstruktion dieses Vergessenmüssens logisch.

Die Kinderleiche. Damals. Das war die erste mir erinnerliche Leiche in einer österreichischen Fernsehnachricht. Es war eine Kinderleiche. Das baumelnde Kinderkörperchen war nur als Kontur erkennbar. Der schlammüberzogene Leichnam war nicht als Person erkennbar. Ein dünner, dunkel glänzender, nicht erkennbarer toter Kinderkörper war als Einstieg in den Bildbericht vom Tod gut geeignet. Mittlerweile ist das überholter Alltag. Mittlerweile ist der Prozess des Ablebens die begehrenswerte Nachricht. In den 50er und 60er Jahren wurde vom Tod ohne Bild berichtet. Sterben und Tod existierten im Alltag nicht. Sterben und Tod waren Sonntagsbeschäftigung. Vor dem – dann auch durch den Besuch der Messe verdienten – Schweinsbraten. Einer der Brüche mit meiner Mutter rührte daher, dass ich den Tod meiner Großmutter nicht zur Kenntnis nahm. Dass ich nicht weinte. Ja vom letzten Besuch bei ihr im Krankenhaus fröhlich zurückkehrte und Fußballspielen ging. Herzlosigkeit. Und natürlich Unweiblichkeit waren der Vorwurf. Unfraulichkeit. Eigentlich. Aber den Tod gab es da nicht, wo ich weinen hätte sollen.

Die Welt war streng in 2 Kreise von Mythologien geteilt. In den zu Hause. Den, meiner Eltern. Meiner Familie. Und in den gesellschaftlichen Mythenkranz, der zu dem der Familie in Widerspruch stand und der selber in Widersprüchlichkeiten angeordnet war. Grundlegend galt ein ewiges Jetzt. Die knapp zuvor vorgefallene Geschichte des Nationalsozialismus und des Kriegs wurde weder privat noch öffentlich besprochen. Das Jetzt hatte also keine Vergangenheit. Warum an allen Ecken russische Soldaten standen. Was sich hinter den hohen, grün gestrichenen Zäunen hinter der Stadtpfarrkirche befand. Wer. Was da geschah. Das alles war eben existent. Das war der Geschichte entzogen. Unerklärt. Deshalb. Ja, durch strenge Reaktionen auf Fragen der Notwendigkeit einer Erklärung entzogen. Brachen Widersprüche auf. Wie beim Tod meiner Großmutter, dann wurde statt Erklärung wiederum Strenge eingesetzt. Beharren auf der Richtigkeit von allem, was eben so war. Der Schmerz meiner Mutter über meine Ungerührtheit kam aus einer anderen Welt, die einem mit abverlangt wurde. Der Erste Weltkrieg war aus Erzählungen eher noch zu rekonstruieren und die Kriegsverletzungen meiner Großväter immerhin belauschbares Erwachsenengespräch, während die Kriegsversehrtheit meines Vaters und die Frage nach seinem abgeschossenen rechten Arm mit der Antwort abgetan wurde. Der Arm meines Vaters, der sei im Krieg geblieben. Der sei im Krieg verloren worden. Mit dem Tod der Großmutter brach Geschichte in das ewige Jetzt der Kinderwelt ein, und Reaktionen darauf nicht gelernt. In dieses ewige Jetzt meiner Kinderwelt – und ich glaube, es handelte sich durchaus um eine durchschnittliche Kinderwelt – ragten 2 Sinnbereiche aus der öffentlichen Welt. Das eine war die archaisch-katholische Welt dieser Großmutter, die mein Weiblich-Sein betrafen, das sich nur in katholischem Martyrium vollenden hätte können. Diese Welt wurde statt Märchen erzählt und ließ kein Entkommen zu. Ich weiß heute, dass ich als erstes Mädchen nach

2 Enkelsöhnen die einzige Empfängerin dieser sadistischen Legenden wurde. Diese Legenden waren mit der Religion, also mit meinem Heil verknüpft und formten eine moralische Obligation. Erzählt wurden diese Geschichten mir allein. Waren ein Raunen. Mit Zuwendung verbundenes Raunen. Mit durchaus grausamer Zuwendung, denke ich heute. Und die Reaktionslosigkeit dem Tod dieser überaus geliebten Person gegenüber ist wohl auch eine Beschreibung von Befreiung. Erleichterung. Dann. Die Legenden, das war nur zwischen ihr und mir. Mit dieser Großmutter gab es einen Pakt, mit niemandem darüber zu reden, was wir beide redeten. Unausgesprochen war das. Vielleicht war das ja auch nur meine Annahme. Besprechbar wurden diese Legenden erst viele Jahre danach.

Die andere Informationsebene, die dem durch Strenge bewachten ewigen Kinder-Jetzt der 50er Jahre widersprach, kam wieder von der katholischen Kirche. Ein junger Kaplan führte uns 6-jährigen Mädchen zur Vorbereitung der ersten heiligen Kommunion KZ-Dokumentationen vor. Unsere Sünden, hieß es da, unsere Sünden seien schuld. Unsere Sünden verursachten solche Bilder. Nur vollkommenes Gut-Sein. Vollkommene Sündenlosigkeit könne von solcher Schuld freihalten. Wir kamen Dienstagnachmittag in die Jungscharstunde. In das Jungscharzimmer. Ein schnatternder Haufen kleiner Mädchen beriet über die schwierige Frage, ob ein kurzes weißes Kleid zu tragen sei. Oder doch ein langes, was die altmodischere Version war. Wir mussten die Klappsessel auf dem glatten grauen Steinboden aufstellen. Braune Holzklappsessel. Dann kam der Kaplan. Ein kleiner, blonder, schmaler, junger Mann. Katechismus. Und dann die Verdunkelung. Dann die KZ-Dokumentationen. Die Kamera über Berge von Brillen. Zähnen. Haaren. Kleidern. Koffern. Die nackten Menschen. Gehen in 2er-Reihen. In gestreiften Anzügen auf Straßen. Schaufeln geschultert. Fallen. Kriechen. Stehen. Liegen. Nackte Frauen vor Türen im Freien angestellt. Rücken auf. Sie tragen Kinder auf den Armen. Dann wieder Licht. Der Kaplan. Dann werden die Sessel wieder zusammengeklappt. Meist ein Finger eingezwickt dabei. Und dann kam die Schwester Fini und es ging zum Völkerballspiel in den Garten. Es war Frühling. Und ein riesiger Apfelbaum im Pfarrgarten blühte rosig. Auch diese Information war geheim zu halten. Wir sollten mit unseren Eltern nicht darüber reden, trug der Kaplan uns auf. Wieder wurde Religion und Geheimnis verknüpft. Wieder wurde mit dem Wissen eine Auserwählung verknüpft. Nun denke ich, dass diese Form der Aufklärung über die Geschichte nicht der Normalfall war. Was aber normal war, war die Leerstelle im Immer-Gegenwärtigen dieser 50er-Jahre-Kindheit. Diese Stelle durfte ja auch von uns nur heimlich ausgefüllt werden.

In der Ansammlung eigener Geschichte ist die Vermutung auf Geschichte verborgen. Auch ein Kind begreift. Muss begreifen, dass es eine Zeit vor ihm gab. Ich bezweifelte jedenfalls keinen Augenblick die Wahrheit dieser Bilder. Und aus welchem Grund auch immer. Ich vermute, gerade wegen des Beschweigens dieser Geschichte. Gerade wegen der Deckbehauptung einer je gegenwärtigen, geschichtslosen Kinderwelt wurden diese Bilder meine eigene Vorgeschichte und gleichzeitig zutiefst gefürchtetes künftiges Schicksal. Lebensergebnis. Immerhin wirkte sich die Autorenposition der Nazikamera, der Nazidokumentation so dominant aus, dass ich mich auf der Seite der Opfer wähnte. Wähnen musste. Die Täter waren unsichtbar. Waren hinter der Kamera. Waren der Kamerablick. Und das hat wohl auch mit den Ohnmachtszuständen des Kindseins zu tun. Während nun also für mich durch Entgeschichtlichung erst die Position Geschichte hergestellt wurde und danach mit religiösen Bildern und nationalsozialistischen Geschichten besetzt wurde, blieb sie im öffentlichen Kontext einer Kindheit und Jugend eine ahnungsverhangene Leerstelle. Eine Vermutung von Grauen, eingelassen in die vielen verschiedenen Familienmythen. Eingelassen in die Deckerinnerungen, die dann Familiengeschichte wurden. Und in Österreich, dessen Gesellschaft das nationale Element aus der Vielvölkergeschichte der k.u.k. Monarchie heraus fehlt, besteht

Geschichte ohnehin nur aus Familiengeschichten. Ohne Nationalgefühl gibt es dann auch keine Möglichkeit, eine Kollektivschuld zu formulieren. So kommt es, dass ein Österreichersein ein unbeschädigtes Deutschsein bewahren kann. Die Fahrlässigkeit freiheitlicher Politiker mit der nationalsozialistischen Vergangenheit erklärt sich aus diesem Umstand. Was als Fahrlässigkeit erscheint, entspringt einem Triumphgefühl aus dieser Unbeschädigtheit. Weil das Österreichersein aber eben nicht kollektivfähig ist, bleibt alles seltsam persönlich. Auch in der öffentlichen Geschichtsschreibung. Alle Verfehlung kann so in einen privaten Raum verwiesen werden. Die Verquickung persönlicher Schicksale und politischer Vorgänge behalten etwas Vertratschtes. Unernstes. Etwas Provinzielles, Unschurkisches. Aber gerade darin liegt die Möglichkeit eines ungebrochenen Gebrauchs des Begriffs »deutsch-völkisch« verborgen.

Seit der Mitte der 80er Jahre muss die Leerstelle Geschichte im entgeschichtlichten Privaten wie im öffentlichen Kontext aufgefüllt werden. Die Karriere des derzeitigen Kärntner Landeshauptmanns hat dieses Ziel. Er wiederholt nur diesen Wiederaufbausatz vom »Wieder gut gehen lassen dürfen« seiner Tätereltern ein bisschen anders. Es geht um Trennkost mittlerweile und Fitness. Man muss sich ja nicht die Bilder ausgemergelter Menschen aus dem Kopf essen. Wir haben sie ja nur als Bilder erlebt. Unsere Eltern wussten sie. Auch wenn dieses Wissen erst nachträglich eingesetzt haben sollte. Das Bewusstsein, dass das alles zur gleichen Zeit des eigenen Lebens geschah. Das genügte ja.

Ich möchte Ihnen für den Juni 2001 einige Beispiele für diesen Vorgang der Auffüllung vorführen. Ich möchte Ihnen vorführen, wie der Versuch der Umschreibung in diesem Auffüllen etwas viel Weitgehenderes ist, als einfach nur ein bisschen ein Rechtsruck.

»Objektiv betrachtet« sei es, bedauert Enzfelder, doch so, dass »wenn man Worte wie Vaterland, Ehre, Freiheit oder Deutsch in den Mund nimmt, man ein bisschen aus dem

76

Augenwinkel angeschaut wird. Ich finde das nicht in Ordnung. Das hat mit Hitlerregime nichts zu tun, sondern einfach was mit Volksgut.« […]
Durch die Regierungsbeteiligung der FPÖ gelangten die FP-nahen akademischen Männerbünde zu neuem Einfluss. Die Korporierten des national-freiheitlichen Lagers stellen drei Regierungsmitglieder (Haupt, Waneck, Böhmdorfer) und einen Landeshauptmann (Haider).
Puncto Burschenschaften hat übrigens der Jahreslagebericht 2000 des Innenministeriums festgehalten: Der von den »Burschenschaften unterschwellig ausgehenden rechtsextremen Ideologieverbreitung wird im Sinne des Sicherheitspolizeigesetzes weiterhin besonderes Augenmerk zugewendet«.
(*Der Standard*, 8. Juni 2001)

Was diese österreichische Situation so schwer lebbar, aber eben auch klärend macht, ist der Verlust einer Sprechlosigkeit. In dem Zitat »Objektiv betrachtet, wenn man Worte wie Vaterland, Ehre, Freiheit … in den Mund nimmt …« ist der angestrebte Vorgang ausgesprochen. Der Bedeutungsentzug bei diesen Begriffen nach 1945 soll aufgehoben werden. Die Bedeutungsentleerung durch Tabuisierung soll rückgängig gemacht werden. Durch In-den-Mund-Nehmen sollen diese Begriffe wieder mit ihrer ursprünglichen Bedeutung aufgeladen werden. Schräge Blicke. Nicht offene Blicke. Verschlagene Blicke. Also letzten Endes jüdische Blicke. Verjudete Blicke, wie das in nationalsozialistischen Rassenkunden genannt wurde. Diese Blicke müssen überwunden werden. Der Begriff Nationalsozialismus wird durch Hitlerregime ersetzt. Die österreichische Opferbehauptung wird hier aufrechterhalten, um das Deutsche als Volksgut vor der Kontaminierung durch die deutsche Kollektivschuld zu retten. Hier liegt der seltsame Vorgang vor, dass die österreichische Rechte sich als Retter des Deutschen sehen. Als Retter des Völkisch-Deutschen. Hier positiv identifikatorisch gefärbt. Ausgrenzung wird sehr weit außen mitgesprochen. Aber. Diese Damen fühlen sich wie der Kärntner Landeshauptmann als Träger eines Deutschtums, das sich nicht an die Geschichtsaufarbeitung verkauft hat. Ein völkisches Deutschtum, das sich keine Kollektivschuld aufhalsen ließ. Ein arisches Deutschtum, das Ausgrenzung gar nicht mehr sprechen muss, so tief ist sie in diesem Begriff eingelassen. Ausgrenzung muss auch nicht gesprochen werden, weil das Problem ja gelöst ist. Die Endlösung ist ja Realität. In diesem Beispiel vermuten sich also die besten Deutschen in Kärnten, das nach nationalsozialistischen rassenkundlichen Kriterien übrigens als durchnegert beschrieben wird. Das ist also eine von 27% der Wählerinnen und Wähler ergriffene Möglichkeit, die durch keine gesellchaftliche Abmachung über die eigene Geschichtsschreibung behindert wird. Ja. Jeder und jede bastelt sich einen Privatmythos. Weswegen die Privatgeschichte öffentlich handelnder Personen immer wichtiger zu nehmen ist. Diese Geschichtsauffüllung, die nun privat abgehandelt werden muss, weil alle öffentlichen Möglichkeiten verabsäumt wurden – es hat ja auch die sozialistische Partei Österreichs ihre Nazimitglieder geschützt, ja gefördert, wie die Gross-Affäre beweist –, diese Geschichtsauffüllung geschieht also nun mit den Mitteln der einzelnen Persönlichkeiten. Diese Geschichtsauffüllung fordert Ertragen ab. Das Ertragen von Realitäten, die nicht erträglich sind. Brutalste Phasen von Trauerarbeit sind zu durchlaufen und in immer wiederkehrender Folge. Wenn es keinen anderen Grund in einer Gesellschaft gibt, als sich einem privaten Wahrheitsbegriff verpflichtet zu sehen, dann ist nicht viel Aushalten zu erwarten. Im Gegenteil. Ich treffe Leute, die im Rahmen der Wiedergutmachungszahlungen den Opfern die Aufmerksamkeit neiden. Die den ermordeten KZ-Opfern diese geschichtliche Zuwendung neiden. Diese Leute sind meist alt. Haben die Zeiten erlebt. Waren dabei. Jung, aber dabei. Sie fühlen sich um ihre Jugend betrogen in der Aufmerksamkeit auf die Shoah, und in diesem Benachteiligungsgefühl werden die Opfer beschuldigt. Ich habe von keiner dieser Personen Wut oder Hass gegen die Täter ausgedrückt gefunden.

Hierin hat die österreichische Gesellschaft vollkommen versagt. Ohne einen kollektiven Begriff von Geschichte und ihrer Wahrheit wird Geschichtlichkeit zur Bastelstunde privater Schonhaltungen und den Ressentiments daraus.

Nun, könnte man oder frau sagen. Dieses kärntner-deutsche Volksgut, das ist halt so ein Phänomen. Das kommt ja vor. Überall gibt es so etwas. Lassen Sie mich also meine Behauptung, dass in der wissentlichen Unwissenheit österreichischer Geschichtsverneinung durch Nichtbeschreiben dieser Geschichte und der eigenen Rolle darin eine tief begründete Weiterbetätigung verborgen liegt. Ein Weiterschreiben völkisch-arischer Begriffe. So wird das nationalsozialistische Archiv à jour gehalten und weitergeführt.

Trauer als echtes Gefühl ist nach einem halben Jahrhundert nicht mehr möglich, ihr Simulakrum eine moralische Ausbeutung der Toten. Wie die Dinge liegen, wäre Vergessen nicht nur ein Gebot der Klugheit, sondern auch ein Akt der Redlichkeit; und es wäre eine Geste der Pietät. Schlimme Folgen hätte es keine, nur vielleicht für das Geschäft. Die Grenze zwischen Warnung und Werbung ist hauchdünn ... (*Der Standard*, 9./10. Juni 2001)

Und damit komme ich auf meine Erinnerung an das im Schlamm erstickte Kind zurück. Ich kannte dieses Kind nicht. Ich kenne kein Bild von diesem Kind. Wie es aussah. Wie es als Baby aussah. Wie beim Gehenlernen. Wie am ersten Schultag. Ich weiß überhaupt nichts von diesem Kind. Aber habe ich deshalb keine Trauer zu haben. Nach 30 Jahren Erinnerung. Wie mit vielen Bildern benütze ich auch dieses und habe es in diesem Benützen in mein Leben eingebaut. Ich würde unter dem Hinweis auf ein echtes Gefühl dieses Bild sofort vergessen müssen. Ein echtes Gefühl. Das habe ich in diesem Sinne ohnehin noch nie gehabt. Dieses echte Gefühl. Das leitet sich doch aus dem Schatzkästlein völkischer Grundbegriffe her. Die Behauptung,

Gefühle in echte und andere einzuteilen. Sie endete in deutschen Gefühlen und anderen. Der Jünger-Anhänger Rudolf Burger benützt zumindest den virilen Ursprung dieser echten Gefühle, und bei größter Nachsicht müssten diese echten Gefühle Männlichkeitsausdruck sein. Männliche Gefühle. Und in dieser Männerkonstruktion ist auch gleich die Automatik kommunizierender Begriffsgefäße eingebaut. Männliche Echtheit. Das ist auch gleich deutsche Echtheit. In diesem Fall wiederum die reine Deutschheit der österreichischen ungebrochenen Weiterschreibung der echten Begriffe. Es ist also durchaus fraglich, ob ich aus dem weiblichen Mangel an Echtheit zu Klugheit oder Redlichkeit gelangen könnte. In diesem Text liegt jedenfalls der obszöne Luxus vollkommener Nichtteilnahme vor. Die Geschichtsleere wird hier mit Leere aufgefüllt. Blasiert aristokratisch ist das und beansprucht womöglich die Erbschaft der Kriegserfahrung. Verführerisch für den mit Ich-Schwäche geschlagenen Mann. Und es ist die gleiche Bewegung wie in einem Thomas-Bernhard-Text. Selbsterhöhung durch die eingebaute Simulation der Autorenposition. Einmal on top. Mit so einem Text der Abwehr. Abgewehrt wird Trauerarbeit. In die gehört nämlich die Untersuchung der eigenen Möglichkeiten zum Täter. Und hiezu bedarf es eines Ertragens dieser Möglichkeiten. Dieses Ertragen müsste von einer Gesellschaft mitgetragen werden. An dieser Stelle des Prozesses setzt schließlich die Abwehr ein. Nun ist dieser Text schon durch den Begriff von »echt« entlarvt. Der Autor aber hat das Ohr des Bundeskanzlers. Das ist nicht viel wert in Österreich. Obrigkeit jeder Art wird mit Verachtung beantwortet und macht Gesellschaft unmöglich. Aber der Mann gilt als Philosoph. In einer traditionell intellektuellenfeindlichen Gesellschaft gilt auch das nicht viel. Es sei denn, der Text erfüllt ein Bedürfnis. Und das Bedürfnis, die Leerstelle eine Leerstelle sein zu lassen, ist überwältigend. Und neoliberal. In so einem Fall könnte auch ein Philosoph zu Geltung kommen. Vor allem weil mit so einem philosophisch verschriebenen Vergessen endgültig in Vergessenheit geraten könnte, wie gut die österreichische Gesellschaft mit der Endlösung lebt. Eine Geschichte, die vergessen werden darf, die hat es dann nicht gegeben. Und wenn sie vergeßbar ist, dann muss, ja darf man und frau sich nicht mit den Folgen der vergessenen Passage befassen. Vergessen ist ja immer eine Mimikry von Dauer. Das Vorher und Nachher werden nahtlos aneinander gefügt. Dieses »als ob nichts geschehen sei«. Das braucht die unveränderte Veränderung. Danach. In diesem verschriebenen Vergessen würde die Shoah als zu Vergessendes voll anerkannt werden. Bestätigt. Im Vergessen sind die Realitäten des Danach bestätigt. In aller Veränderung durch das Vergessene. In Österreich heißt das im Nichterinnern und damit Nichtmitdenken der Shoah die Endlösung als das gutheißen und bestätigen, als was sie gedacht war. Und hier liegt dann Schuld vor. Hier liegt dann aktive Geschichtsumschreibung vor. Die Bemerkung Burgers »Schlimme Folgen hätte es keine, nur vielleicht für das Geschäft«. Das ist zynisch und dumm. Vergäße ich die Kinderleiche aus den 60er oder 70er Jahren. Ich verlöre ganze Erinnerungsräume. Blicke auf mich. Auf mich in der Welt. Damals. Später. Ich verlöre Leben. Ich verlöre Achtung vor Würde. Verlöre eigene Würde. Ich verlöre die Möglichkeit, meine Wirklichkeit an der anderer zu verorten und damit über meine Wirklichkeit hinauszugelangen. Ein wenig. Zumindest. Ich verlöre das Wissen. Die Ahnung von Tragödie. Und damit Orientierung. Ich verlöre die Trauer. Und darin Teilnahme. Die Möglichkeit, Leben außer mir wahrzunehmen. Vergäße ich aus Mangel der Möglichkeit echter Trauer, weil das nicht mein Kind war. Weil ich das Kind nicht war. Vergäße ich dieses Kind, ich könnte die Welt nicht entziffern. Wenn nur den Opfern Trauer zusteht, dann haben die Täter gewonnen. Gesiegt. Endgültig. Die Opfer müssten sich nicht nur in der Amnesie selbst aufgeben, die schon in die Scham über die Zufügung eingebaut ist. In der Einschränkung des Trauerbegriffs auf die Unmittelbarkeit eines Echten wird die Kommunikationsform Trauer aufgehoben. Verständnisloses Einander-Gegenüberstehen ist die Folge. Die Täter können im Nicht-Denken des Opfers den eigenen Tod mitvergessen. Grenzenloser industrieller Einsatz des Dings Mensch ist damit möglich. Und das war ja eines der Ziele des Nationalsozialismus. Der Verweis Burgers, dass er selber zu den Opfern gehöre. Sein Vater war Kommunist gewesen. Sei im KZ gewesen. Dieser Verweis ist dann eine jener Verdrehungen, die auf die jeweils charakterliche Ökonomie solcher Geschichtsschreibung verweist.

Ich gehe gegen solche Umstände spazieren. Wenn ich in Wien bin, gehe ich am Donnerstagabend spazieren. Jeden Donnerstag treffen sich immer noch ein paar hundert Leute und brechen zu einer politischen Wanderung durch Wien auf. Antirassismus ist der kleinste gemeinsame Nenner dieser Personen. Es gehen Menschen jeden Alters. Jeden Geschlechts. Aus sehr verschiedenen Lebensbereichen. Es gibt kein Programm. Es gibt kein Dogma. Es gibt kein Alphatier. Dieses Gehen ist für mich zu einem Teil meiner Arbeit geworden. Ist eine tief politische Äußerung, ohne sich in Aussagen drängen zu lassen. Ist eine Äußerung von Widerständigkeit. Ist Kunst als Politisierung alltäglicher öffentlicher Räume.

Vorletzten Donnerstag führte der Donnerstag-Wandertag die Mariahilfer Straße hinauf. Eine dieser Plakatwände, die Baustellen verbergen sollen, war mit einem Riesenplakat der Wiener Festwochen verklebt. Eine riesengroße Fläche. Ein Blatt. Büttenweißes Papier. »Bondy go home.« steht in großen Blockbuchstaben von links oben nach rechts unten geschrieben. Zwischen »Bondy« und »go« von links unten nach rechts oben schräg »Geschmacksprobleme« und weiter unten »Ein Exbesucher«. Unten Logo, Name und Dauer der Festwochen. Hier trifft sich nun endgültig neoliberale Marketingbeliebigkeit mit dem Bedürfnis einer Gesellschaft, vergessen zu dürfen. Der Jude Luc Bondy lässt seine eigene Vertreibung aus Geschmacksgründen affichieren und macht damit dasselbe wie der Philosoph. Er löst Grenzen auf. Gibt Grenzen frei. Lässt Grenzen ausfransen. Es werden Bilder freigegeben. Das Bild der Vertreibung wird Marketinginstrument. Ein lächerliches noch dazu. Die Wiener Festwochen bringen vollkommen angepasste Repräsentationskultur. Das ist dann der symphonische Schluchzer und danach das wohlverdiente Abendessen. Kein Schweinsbraten mehr. Längst nicht mehr. Aber Erlösungsersatz allemal. Belohnung nach der vermuteten Heiligung durch Wiederholungskunst, die in der Herstellung wüster Emotionen Verwüstung affirmiert. Kunst als Selbsterfahrungsersatz. Ertragenskrücken. Oder meist ohnehin nur ein gepflegter Abend beschaulicher Ausflüge in psychologisierende bürgerliche Stücke vor der Shoah, wie sie der Intendant Bondy inszeniert. Ich war schockiert. Auf der Mariahilfer Straße. Das Gefühl allumfassender Hilflosigkeit gegenüber den in der Wiener Gesellschaft eingegangenen Koalitionen. Die absichtsvolle Ungenauigkeit der Begriffe. Die zynischen Eitelkeiten. Eine solche Werbung wird aus Steuermitteln finanziert. Mit Freiheit ist eine solche Umkehr der Sinneinheiten nicht argumentierbar. Imgrund handelt es sich um Wiederbetätigung, die hier in ironischer Form eitel eingesetzt wird. Und wie gesagt. Die Grenzen werden eingerissen. Kann ein Festwochenintendant seine eigene Vertreibung affichieren. Und warum darf dann nicht »Ausländer raus.« geschrien werden. Oder ist das Ganze doch einfach lustig und ich habe den Humor wieder einmal nicht. Ich bin weggegangen. In der Mariahilfer Straße. Vorbeigegangen. Weggegangen. Dieses Gehen ist eine Form von Klage. Klage und Trauer. Dieses Gehen ist Selbstvergewisserung und in der Bewegung die Möglichkeit, von den Umständen nicht vollends in die Melancholie und in politische Katatonie gestoßen zu werden.

Wo vom Krieg gesprochen wird, da ist Krieg. I.

Zu seinem 80. Geburtstag am 21. Dezember 2002 war mein Vater das erste Mal in der Lage, auf eine Landkarte zu schauen und den Ort zu suchen, an dem er in Russland im Jahr 1942 verwundet wurde. 60 Jahre danach. 60 Jahre später. 60 Jahre lang hinter Desinteresse und nonchalantem »Das Leben geht weiter.« und »Das Leben muss weitergehen.« verborgene Abwehr. 60 Jahre lang das Ringen um Normalität. Meinem Vater wurde der rechte Arm bei der Explosion einer Granate weggesprengt und Splitter der Granate im Rückgrat verminderten die Gehfähigkeit. Im Ringen um die eigene Normalität des Krüppels in der Umgebung der allgemeinen Normalität die Unmöglichkeit, sich mit dem Vorfall zu beschäftigen. Mit dem Vorfall, der diese Lebenslänglichkeit eines Andersseins herstellte. 60 Jahre lang. 60 Jahre lang keine Möglichkeit in einer Selbstvergeschichtlichung diese historischen Daten und Schauplätze in die eigene Biografie einzutragen. Immer diesem Trauma eine Lücke gelassen. Die Ursache der Folgen waren nicht besprechbar. Der sehr sichtbaren, der sehr greifbaren Folgen. Die Ursache war tabuisiert, und damit wurden auch die Folgen der Beschreibung entzogen. Es gab die familienmythologische Standardgeschichte, dass jedes der Kinder mit etwa zweieinhalb oder 3 Jahren das Nichtvorhandensein des rechten Arms des Vaters ausfindig gemacht hätte. Die kleinen Kinder hätten gefragt, wo denn dieser Arm sei. Die Antwort habe immer gelautet, dieser Arm, der sei im Krieg geblieben, und die kleinen Kinder seien mit dieser Erklärung zufrieden gewesen.

Im Krieg. Krieg. Das war also ein Ort, an dem Gliedmaßen zurückblieben. Und das war eine Zeit, die zurücklag. Das war vorbei. Aber im Verschluss dieser beendeten Zeit blieben Gliedmaßen an Orten zurück, die von dieser Zeit versiegelt die Gliedmaßen behielten. Und. Dieser Kriegsort in der Kriegszeit. Das war immer Welt. Das war eine besondere Welt. Eine Welt der unendlichen Schrecken. Schrecken mit einem brutalen Männergesicht. Aber es blieb immer Diesseits. Ein diesseitiger Schrecken. Hölle und Fegefeuer hatten mit diesen Gräueln nichts zu tun. Krieg passierte einem im Leben. Krieg war ungeheuerlich und Realität. Und. Krieg war Menschenwerk. Es gab keinen Ausweg in Ungläubigkeit. Es gab ja Fotos vom Vater mit beiden Armen. Davor.

Ich kenne also den Krieg, ohne je in einem Krieg gewesen zu sein. Um den Krieg zu kennen, muss man keinen Krieg direkt erlebt haben. Das Wort genügt. Und meistens wird dieses Wort ja illustriert. Aber ich hätte das nicht gebraucht. Das Wort allein fasst alle Schrecken, und die Bilder vom Krieg sind Kommentare zu den schon eingebrannten Bildern. Ich weiß, auch ohne in einem Krieg gewesen zu sein, was Soldaten sind. Bis 1955 war meine Heimatstadt das Hauptquartier der russischen Besatzungsmacht. Russische Soldaten exerzierten auf den Straßen. Sie schlenderten durch die Innenstadt. Sie saßen auf Parkbänken. Sie lächelten kleine Mädchen wie mich an. Oder sie drohten und schnitten dann gleich komische Grimassen, und kleine Mädchen wie ich mussten lachen, obwohl sie sich fürchteten. Die Zwiespältigkeit der Situation war zu fühlen. Der Krieg war vorbei und er war irgendwie nicht vorbei. Kindern wurde nichts erklärt. Sie wurden den Situationen überlassen und mussten sich ein Gefühl darauf machen, was rundherum geschah.

Ich habe die Erfahrung gemacht, dass Kriegsbefürworter immer darauf bestehen, dass man in einem Krieg gewesen sein muss, um mitreden zu können. Oder zu dürfen. Und dann. Dann dürfe man auch gegen Krieg sein. Aber erst mit der Erfahrung des Kriegs als einer Wirklichkeit. Man wird also sozusagen erst mit den Narben eines solchen Erlebens als Gegner zugelassen. Höchst geringschätzig wird einem bedeutet, von nichts etwas zu wissen. Von nichts eine Ahnung zu haben. Und aus diesem Nichtwissen und dem Nichtahnen ohnehin nur unrichtige Argumente liefern zu können. Aber das ist konsequent in der Logik des Begriffs Krieg, in dem Bezeichnetes und Bezeichnung in eins fallen und mit dem Wort Krieg schon Krieg ist und deshalb auch gleich sein muss. Krieg ist so eine Weihe, die man empfangen muss, um sich zu diesem Wort äußern zu dürfen, nachdem man in die Wirklichkeit seines Bezeichneten eingesponnen worden war. Es wird also verlangt, das Bezeichnete zu kennen, um die Bezeichnung verwenden zu dürfen. Das ist Sprachentzug im Sprechen, wenn eine Bezeichnung nur genannt werden darf, wenn das Bezeichnete bekannt ist. Normalerweise dürfen wir vom Himmel reden, ohne dort gewesen zu sein oder sonst etwas Genaueres zu wissen.

Bei einem Symposion zu Kultur und Krieg in Berlin 1999, gerade als die NATO den Krieg im Kosovo führte, bestanden die Personen aus den Kriegsgebieten darauf, dass Kriegserfahrung erst die Berechtigung zu einer Äußerung herstellen könne. Kriegsgegnerschaft wurde von allen Parteien als Parteinahme für den jeweiligen Gegner ausgelegt. Die deutschen Teilnehmer am panel schlossen sich dieser Meinung an, indem sie sich auf den Holocaust beriefen. Es wurde argumentiert, dass die Deutschen durch die Schuld des Holocaust zu diesem Krieg verpflichtet seien. Jedenfalls zu einer Zustimmung zu diesem Krieg. Und Pazifismus wurde als Unterstützung des Faschisten Milošević interpretiert. Die alten Argumente gegen Kriegsgegnerschaft wurden vorgelegt. Schwächlichkeit. Harmoniesehnsucht. Ängstlichkeit. Angst.

Nun. Krieg zu sagen heißt Angst anzusprechen. Das Wort Krieg liefert Angst mit. Das Wort Krieg verlangt darin sofort die Aktivierung aller Angstbewältigungsstrategien. Und eine davon ist die Unterwerfung unter die Bedeutung des Worts, um in die Komplizenschaft von Krieg aufgenommen zu werden und damit nicht in die Gegnerschaft zu Krieg zu geraten. Das Wort Krieg hat das Reaktionsmuster Stockholmsyndrom eingebaut, und es bedarf eines Sich-Entwindens, um dieser Automatik zu entgehen. Entgehen zu können. Es stellt sich so für manche als einzige Möglichkeit dar, der Angst zu entgehen, dass sie den Krieg befürworten. Ich spreche hier nie von den Personen, die Krieg beschließen. Oder die Krieg führen. Die Macht für solche Entscheidungen ist ja schon eine Art Krieg. Ist die Voraussetzung für Krieg. Jedenfalls für die Art von Krieg, in der wir nun immer häufiger gefragt sind, Stellung zu nehmen. Und wie prophezeit wird, immer noch häufiger Stellung nehmen werden müssen. Es werden uns immer häufigere Kriegszüge prophezeit. Und jedes Mal werden von neuem die 60 Jahre in Kraft gesetzt. Die 60 Jahre, die es dauert, bis die Kriegserfahrung Bestandteil des eigenen Romans werden kann und die Erzählstränge endlich zusammengeführt werden können. Der Erzählstrang Trauma verläuft nämlich parallel zum Erzählstrang Leben. Das Trauma ist ja nicht in der Zeit verkapselt und nur wirksam an diesem einen Punkt in der Zeit. Im Roman eines Lebens erzählt sich ein solches Trauma immer weiter fort, ohne sich zu erzählen. Bei meinem Vater war es immer nur dann, wenn er an die Grenzen stieß. Wenn die Behinderung wieder die Grenzen zog und er sie zur Kenntnis nehmen musste. Zur Kenntnis, aber ohne Erkennen. Und das war schon Bewältigung. Jedenfalls in den Augen der Zeit damals. Mein Vater wurde als besonders tapfer angesehen. Er war ehrenhaft aus dem Krieg ausgeschieden. Er hatte eine wirklich schwere Verletzung, die eine Rückkehr an die Front unmöglich gemacht hätte. Seine Rechte als Kriegsversehrter waren anerkannt. Er hatte einen kleinen dunkelgrünen Ausweis, den er in Bussen oder Straßenbahnen vorweisen konnte. Kriegsversehrte fuhren gratis in öffentlichen Verkehrsmitteln. Eine Anerkennung der Gesellschaft, die wiederum diese Versehrtheit richtig erscheinen ließ. Gesellschaftlich belohnt. Krieg hatte so auch seine Richtigkeit. Das war eben alles so, und wenn es einen erwischt hatte, dann hatte die Gesellschaft sich zu bedanken. Wir wurden als Schülerinnen auch immer wieder zur Grabpflege von Soldatengräbern abkommandiert. Das war Teil der Friedensverträge. Es wurde uns aber als eine große soziale Tat verkauft, durch die wir Leid mildern konnten. Über leicht ins kulturpubertierende Herz einzutragende Sentimentalität wurden wir flugs wieder einmal zu Kriegsteilnehmerinnen. In der gebührlichen Form der opfernden Jungfrauen rupften wir das Unkraut, säten Gras, sichelten Brennnesseln weg und glaubten allen Ernstes, einen Friedensdienst zu leisten. Laden nun tadellos gepflegte Soldatengräber eher zum Einmarschieren ein, weil man da tadellos begraben sein kann. Oder würden vorbeimarschierende Soldaten die Pflegerinnen von tadellosen Soldatengräbern verschonen. Für die tadellose Pflege. Soldaten marschierten damals. Die Bilder der Weltkriege und Julius Cäsar verbanden sich zu einer episch dahinziehenden Masse von olivgrün gekleideten Männern, unter die sich die Elefanten Hannibals mischten. Der Krieg wurde viel besprochen in der Schule. Geschichte war nur die Bewegung von Feldherren und Soldaten auf den Landkarten und ein paar Hochzeiten dazwischen. Diese Geschichte in Sternstunden der Menschheit war immer die Selbstverständlichkeit von Krieg und der Abstand der Geschichte ließ diese Selbstverständlichkeit als Beschreibung von Zeiten noch aufglänzen. Als hätte es eine andere Bedeutung gehabt, im 30-jährigen Krieg umzukommen. Als wäre das damals leichter gefallen. Und dann immer die Zahlen. Die Zahlen der Toten. Grausige Additionen waren das immer, die, sich steigernd, im Zweiten Weltkrieg in die Millionenhöhe mündeten. Ich habe heute noch Mühe, dieses Erschauern bei hohen Todesziffern zu bekämpfen und mich auch mit 30 Toten zufrieden zu geben. Und deshalb erscheint dieser zweite Irakkrieg nicht so kriegerisch, weil die Zahlen im Vergleich klein geblieben sind. Jedenfalls die Toten der Amerikaner unterstützen die Vorstellung vom klinischen Krieg. Vom genauen Krieg. Und natürlich ist es dieser Pornografie der hohen Zahlen anzurechnen, dass es eine kleine Enttäuschung ist, wenn zu 9/11 nicht die zuerst angekündigten 30 000 Toten zustande kommen. Krieg meint viele Tote, und in amerikanischen Zeitungen war dann gleich nach dem zweiten Irakkrieg die Frage zu lesen, ob das nun ein Krieg gewesen sei. Ein richtiger Krieg. Oder ob man das nicht doch nur eine Intervention nennen solle. Es waren dann die Kosten, die den Begriff Krieg im Spiel hielten. Eine Intervention hätte billiger sein müssen.

Die Kriegsopfer, und dazu gehören sicherlich auch die amerikanischen Soldaten, müssen nun mit diesem posttraumatischen Zweifachleben beginnen, in dem sich ihr Leben in eine beschreibbare Fortführung der Erfahrungen und Erlebnisse einteilt und in einen unerzählbaren Erzählstrang, den höchstens andere Kriegsteilnehmer verstehen können. Die Stammtische mit ihren rabiaten und grauslichen Geschichten sind wahrscheinlich hilflose Therapiezentren. Selbsthilfegruppen, deren Sprachlosigkeit sich in steter Wiederholung schematisierter Anekdoten niederschlägt. Und es wird wieder um die 60 Jahre dauern, bis eine historische Realität wieder auftauchen darf. Es wird jedenfalls so lange dauern, bis der Kriegsteilnehmer selber nicht mehr in den Krieg ziehen kann. Oder in den Krieg geschickt werden kann. Je älter die Stammtischsitzer des Zweiten Weltkriegs wurden, desto differenzierter wurden ihre Geschichten. Und manchmal schlich sich auch ein Hauch von Schonungslosigkeit ein. Und es musste nicht alles so unpersönlich und schematisiert sein. Oder der Hunger so toll. Oder die Nachtwachen so lustig. Oder die Ofenwache so vergnüglich. Und die Kommunikation mit den Offizieren so frech und herausfordernd.

Die, die den Krieg nun wieder als Feuertaufe erlebt haben, die müssen mit den 60 Jahren beginnen. Aber was bedeutet das für die anderen. Was heißt es, wenn der Krieg über den Kriegsteilnehmer immer mit am Tisch sitzt. Wir Kinder. Das waren die 50er und 60er Jahre. Wir hatten beredte Leere um den Begriff Krieg. Um den Krieg, der immer ins Leben ragte. Als Beraubung. Als Verlust. Als Versehrung. Als Zerstörung sowieso. Die Bombenruinen waren zwar eine Selbstverständlichkeit. Für mich war es selbstverständlicher, dass Häuser zerstört waren, als dass sie ganz dastanden. Die Selbstverständlichkeit lag aber auch hier in der Zeiteinordnung »nach dem Krieg«. Wie auch der Körper meines Vaters mir nicht anders als versehrt bekannt ist. Eben danach. Im Zeit- und Ortsbegriff Krieg weggeschlossen, wurde diese Kriegsversehrtheit, wurde der Zeitpunkt dieses Verlusts die unberichtete Leere, um die sich alles anordnete. Das Trauma wurde auch in unseren Leben zweiter Erzählstrang, der nie erzählt abrollte und der, nie erhellt, bis heute nicht gelesen werden kann. Unter dem Roman des eigenen Lebens läuft also noch eine andere Erzählung auch in den Leben der Kinder. Dem Erzähler oder der Erzählerin nicht greifbar, spielt sie in den erinnerbaren Roman hinein. Die Auswirkungen sind verschwommener. Vielleicht auch nicht ununterbrochen vorhanden. Aber diese Kriegsauswirkung, die die Instanz Vater betrifft, muss tiefe Ängste auslösen. Identifikationen mit dem mächtigen Verwundeten. Hass auf die Kriegsgegner. Angst vor einem solchen Schicksal. Überwältigungsängste. Imgrund ist genau das die beste Situation, ein heftiger Kriegsverfechter zu werden. In der Identifikation das Schicksal abwenden zu wollen. Das Schicksal für den mächtigen Vater abwenden zu müssen, um die eigene Sicherheit zu erhalten. Da ist ein Kind schnell überfordert und kann gar nicht anders, als sich dem Krieg in die Arme zu werfen. In den Diskussionen zum Vietnamkrieg ergab sich dann erst die Möglichkeit aufgrund eines Zeitgeists, sich aus dieser Einordnung in ein unvermeidliches Gewalttätiges, gegen das immer nur mit Gewalt zu antworten ist, zu entwinden. Ich war das erste der Kinder, das sich mit Hilfe der sich anbahnenden 68er-Stimmung mit dem Vater als Opfer identifizieren konnte und nicht mit dem Soldaten, der seine Pflicht erfüllte. Wie man das eben musste. Es war sicher auch hilfreich, als Mädchen aus den Männerwelten deutlich ausgegrenzt worden zu sein. Während mein Vater mit den Brüdern in Kriegsfilme ging, blieben meiner Schweser und mir nur die »Sissi«-Filme. Das war nicht weniger imperial-kriegerisch gemeint und hatte schreckliche Auswirkungen auf die Vorstellung, was und wie eine Frau sein sollte, aber direkte Kriegsbegeisterung konnte aus diesen Filmen nicht abgeleitet werden. Der Quasi-Marienmythos, der der Kaiserin Elisabeth in diesen Filmen angedichtet wird. Die Kaiserin als Retterin der Monarchie und des Kaisers. Das war sogar ein Weg in die Vorstellung der Frau als befriedende Kraft. Eine schöne Frau lächelt den Führer einer nicht ganz freundlich gesinnten Nation an, und schon bleibt diese Nation im Verbund der k.u.k. Monarchie. So werden in den »Sissi«-Filmen Kriege verhindert. Und so werden dann die seltsamsten Tagträume ausgelöst, in denen die Welt gerettet wird. Der Jungfrau- und Drachen-Mythos auf 50er Jahre.

Auf der Folie dieser Erfahrungen war es für mich im Frühling 2003 in New York das erste Mal wichtig zu betonen, dass ich aus Europa komme. Bei den kurzen Gesprächen bei Anti-Kriegs-Demonstrationen vor der Carlyle Foundation oder vor sonst einem Hauptquartier eines kriegsgewinnenden Konzerns in New York war es das erste Mal, dass Personen sich anerkennend äußerten darüber, dass frau aus Europa komme. Aus Deutschland. Österreich. Das war angenehm. Das war vor allem angenehm gegen die Medienwelt Krieg. Das erste Mal konnte man oder frau sich in die besondere Zeitrechnung des Kriegs einklinken. Die cellphone-camera-Berichte der »eingebetteten« Journalisten in all ihrer Zerrissenheit und Eintönigkeit und Unerkennbarkeit hatten zur Folge, dass die Grammatik des Kriegs nun eins zu eins übertragen wurde. Die Berichte bauten die sonst so bemühte Dramatik des Kriegs ab und beschrieben eine Epik und eine Zeitrechnung, die in ihrer Unmittelbarkeit der Zeitrechnung der Kinderzeit ähnelt. Immer in einem Jetzt gefangen, bewegten sich diese Berichterstatter auf Bagdad zu. Wie im Kinderzimmer spielten Täglichkeiten die Hauptrolle. Nur waren keine Eltern da, die Sorge für alles zu übernehmen. Eine große Geschwistergruppe, die sich in Ältere und Jüngere hierarchisiert, war da unterwegs. In einer vollkommenen Entmutterung war man auf einer sportlich geschilderten Abenteuerfahrt, und der Tod wurde mit Bitternis geschildert. Spüren müssen ihn dann aber doch nur die, denen die Toten entrissen wurden. Zu Hause. Nach dem Krieg. Und wieder wird eine solche Leere in andere Leben eingelassen, und die Zurückkehrenden müssen die 60 Jahre Annäherung an sich selbst beginnen.

Das Wort Krieg war da auch wieder dieser kalte Begriff. Dieser kühle Ausdruck, mit dem über massenweisen vorsätzlichen Mord gesprochen werden kann. Lästiger Gefühlsüberschwang und die damit verbundenen Unruhefaktoren sind in diesem Wort stillgelegt. Über Krieg wird immer gesammelt gesprochen. Argumentiert. Das Für und Wider abgewogen. Emotionen, die würden einen aus dem Bannkreis dieses Worts verweisen. Wer hysterisch ist, der wird zur Diskussion nicht zugelassen. Leidenschaftliche Gegnerschaft gegen Krieg führt zu Abqualifizierung. Ernst genommen wird man oder frau dann nicht mehr. Leidenschaft, das dürfen nur Kriegsbefürworter an den Tag legen.

Und auch bei diesem zweiten Irakkrieg war der Mythos vom sauberen Krieg das schlagendste Argument. Der chirurgische Eingriff. Wer auf dem discovery channel bei Operationen zusieht, der weiß, dass es bei chirurgischen Eingriffen gar nicht sauber zugeht. Trotzdem kann das Bild wirksam werden. Krieg kann das. Krieg usurpiert eine solche Metapher und setzt die Wirklichkeit außer Kraft. Krieg kontaminiert. Schon das Wort reicht dafür.

Wenn Krieg ist, dann ist er überall. Krieg beschränkt sich nicht auf die Front. Die Medien leben davon. Die Leben werden mitbesetzt. Welche Bedeutung das hat, wurde aufs Tragischste sichtbar, als ein sehr alter Freund in den USA sich mit 86 am dritten Tag dieses zweiten Irakkriegs aus dem Fenster in den Tod stürzte. Der alte Mann glaubte, dass aufgrund dieses Kriegs sein Vermögen verloren gehen würde. Dass er verarmen würde. In diesem Krieg wurden wohl die Erinnerungen an die Exilierung aus Deutschland, an den Zweiten Weltkrieg wieder gehoben. Wie oft kann eine Person es vertragen, von einem Krieg an einen anderen erinnert zu werden. Dieser Selbstmord aufgrund dieses Kriegs hat für mich eine jener klaren Verwirrungen nach sich gezogen. Sie kennen das sicher, man steht da, und alles ist klar. Es ist bekannt, warum Dinge geschehen, und die Welt tut ganz genau so weiter, dass das alles weiter geschehen kann. Am Grab dieses alten Mannes stehend, war mir vollkommen klar, dass es keinen Krieg geben darf, wenn das die Auswirkung ist. Aber schon wenn ich das laut gesagt hätte, wäre ich als gestört angesehen worden. Jeder der Anwesenden wusste, warum dieser Mann sich umgebracht hatte. Trotzdem standen alle stumm und gesammelt da. Niemand schrie es heraus. Oder weinte laut. Oder klagte an. Wir alle funktionierten und niemand marschierte nach Wahsington und stellte die Kriegstreiber zur Rede. Oder hielt wenigstens eine Antikriegsrede. Es war Krieg, und wir alle beugten unsere Köpfe. Und die Tragödie war ja schon geschehen. Man konne nichts mehr machen. Auch das ist eine Kriegsstrategie. Tatsachen herstellen, und alle sind zur Akzeptanz dieser Tatsachen gezwungen. Die daraus resultierenden Ohnmachtsgefühle gehören zur Zurichtung durch Krieg.

Und. Ich habe den Krieg mit verloren. Nie war das klarer als an diesem Grab in Chicago. Jeder Text, den ich schreibe, richtet sich gegen alles, was Krieg vorbereitet, möglich macht, was Krieg ist. Jeder Text, den ich schreibe, ist gegen Überwältigung. Aber noch nie hat einer oder eine, die Krieg führen, einen Text von mir gelesen und danach aufgeschrien, nie wieder etwas mit Krieg zu tun haben zu wollen. Keine einzige Bekehrung ist mir gelungen. Keine einzige Bekehrung war möglich, weil sie wahrscheinlich wieder nur mit Überwältigung möglich ist, und das war das Argument für diesen zweiten Irakkrieg gewesen. Genauso hat die Regierung Bush argumentiert. Als wirkliche Kriegsgegnerin bin ich also zu vollkommener Hilflosigkeit verurteilt. Die Grundgrammatik unserer Kultur, unserer Sprache zielt immer auf das Gegenteil ab und ist mit der Überwältigung des Objekts befasst. Die einzige Technik, die mir offen bleibt, ist die Poesie. Und auch da muss ich vorsichtig bleiben. Auch hier kann Überwältigung die Wirkung sein. So bleibt mir nur der Akt einer poetischen Entfernung von diesem Wort Krieg mit seinem gesamten symbolischen Kapital. Es bleibt mir nur eine poetische Dekonstruktion, und ich werde zur Bannung dieses Begriffs dieses Wort von nun an von hinten lesen. Der Text lautet dann: Wo von Gierk gesprochen wird, da ist Gierk.

Wo vom Krieg gesprochen wird, da ist Krieg. II.

Die eine Sorte Polizisten war dunkelblau angezogen. Uniform und kugelsichere Weste ein tiefes beruhigendes Blau. Die Waffen in schwarzen Lederhüllen an schwarzen Gürteln um die Mitte. Pistole. Stun gun. Handschellen. Sie hatten die Helme aufgesetzt. Die Visiere nach hinten geschoben. Sie standen bei ihren Mannschaftswagen. Lehnten gegen ihre dunkelblauen Mannschaftswagen. Gelangweilt. Ruhig. Mit verschränkten Armen. Sie sahen zu. Die Polizisten in schwarzen Uniformen mit den Goldschildern auf den Brusttaschen. Die hielten einen Korridor auf dem Gehsteig frei und ließen dann niemanden durch die freigehaltene Gasse gehen. Wer an der Demonstration vorbei wollte, musste sich zwischen den Gebäuden und den Demonstranten durchzwängen. Die dritte Sorte Polizisten waren helltintenblau gekleidet. Electric blue hieß dieser Farbton in den 70er Jahren. Sie trugen Overalls. Um die Mitte dunkle Gürtel. Weiße Plastikhandschellen. Jeder Polizist trug an die 20 dieser Plastikfesseln in einem weit wegstehenden Büschel am Gürtel und eine stun gun. Ich kann mich nicht an Pistolen erinnern. Vielleicht waren die unter den Plastikfesseln versteckt. Die Demonstranten hielten ihre Plakate an Stangen hoch und gingen vor dem Gebäude auf und ab. Sprechchöre wurden skandiert. »Carlyle Foundation what do you say, have you sqirrelled your money away.« Jeden Morgen ging das so. In den Verkehrsberichten der New Yorker Fernsehstationen wurden die Orte der Demonstrationen durchgesagt. Die Voraussage ließ die Autofahrer immer hoffen, dass die Verkehrsbehinderung durch die Antikriegsdemonstrationen bis 9.00 Uhr wieder beendet sein würden. Der Weg zum Büro also ohne Behinderung befahrbar. Ab 8.00 Uhr. Die ersten Angestellten drängten zu den Büroeingängen und verlangten von der Polizei einen Zugang zu ihren Arbeitsplätzen. Die Polizisten in Schwarz fingen dann an, die Demonstranten an den Rand des Gehsteigs zu schieben. Die Demonstranten riefen ihre Sprechchöre und versuchten, weiter herumzugehen. Ab etwa 8.00 Uhr. Die Sprechchöre erstarben. Schlagartig. Plötzlich. Stille. Geschiebe. Gemurmel. Gekeuche. Und dann plötzlich wieder der Einsatz der Chöre. Lauter. Eindringlicher. Und dann wieder stop. Nur einmal rief ich weiter. Begann allein den Satz von neuem. Von den Umstehenden niedergezischt, erlebte ich dieses ungeheuerliche Schamgefühl der Störung beim Konzert. Das Klatschen in die Satzpause eines Konzerts. Das Klingeln des handys in ein pianissimo. Nur einmal passiert es einem. Diese Laute in der Stille, die im Missfallen der Umgebenden zum Ersterben kommt, und das alles mündet in einen roten Kopf und grenzenlose Scham. Was hatte ich falsch gemacht. Im April. Auf der 51. Straße. Vor der Carlyle Foundation. Oder vor all den Banken auf der 55. Straße. Oder auf 5th Avenue. Was hatte ich nicht verstanden gehabt. Die Polizisten in den tintenblauen Uniformen hatten mit den Verhaftungen begonnen. Ab etwa 8.00 Uhr holten die tintenblauen Polizisten immer wieder eine Person aus den über den Gehsteigrand geschobenen Demonstrantengruppen. Meist griffen sie nach jungen Männern. 4 Polizisten drückten die von ihnen gewählte Person zu Boden. 2 weitere Polizisten standen über der Gruppe Wache. Die stun gun gezückt. Die Person am Boden zappelte. Sie wurde auf den Bauch gedreht. Die Plastikfesseln wurden um die auf den Rücken gehaltenen Hände befestigt. Die Person aufgehoben und zu einem hellblauen Transporter getragen und in den Wagen gehoben. Die Türen standen weit offen. Die Verhafteten saßen auf dem Boden. Der Wagen hatte keine Fenster. Diese Wagen sahen aus wie ein Kühlwagen. Ein Transporter, in dem Eis transportiert werden konnte. Tiefkühlgemüse. Ab 8.00 begann die Zusammenstellung dieses

Abtransports. Sprechchöre und Geschiebe. Dann Stille und eine Verhaftung. Dann wieder Sprechchöre und wieder Geschiebe nach vorne. Und dann wieder eine Verhaftung.

Wenn der Einsatz zu Ende war. Gegen 9.00 Uhr. Die Türen des Transporters wurden geschlossen. Die Verhafteten saßen dann eng aneinander gedrängt. Mehr aufeinander als nebeneinander. Der Transporter fuhr ab. Die tintenblauen Polizisten verschwanden. Dann die dunkelblauen mit den Helmen. Zuletzt die schwarzen. Die Pause in den Sprechchören. In die ich das eine Mal hineingekräht hatte. Diese Pause begleitete jeweils die Verhaftungen. Keine Missfallensäußerung. Kein Buh. In Wien hätte es Aufruhr gegeben. Oder in Berlin. In New York nicht einmal ein Sprechchor. Ein stummer Tanz war das. Ein stummer Tanz vor der New Yorker Geräuschkulisse. Ich hielt es dann nicht mehr lange aus. Nach der 2. Verhaftung ging ich wieder weg. Musste weggehen. Diese unwidersprochene Akzeptanz der Rollenverteilung war mir unerträglich. Wie gesagt. In Wien hätte es zumindest Missfallenskundgebungen gegeben. Einen Chor von Missfallenskundgebungen, der wenigstens als Kommentar zu den Polizeimaßnahmen eine Beschreibung des Geschehens ergeben hätte.

Die Sicherheit, mit der Sigmund Freud in »Warum Krieg?« konstatiert, »ich glaube, der Hauptgrund, weshalb wir uns gegen den Krieg empören, ist, daß wir nicht anders können. Wir sind Pazifisten, weil wir es aus organischen Gründen sein müssen.« Ein solche Sicherheit. Selbstverständlichkeit. Die war mir während des Irakkriegs 2003 in New York nicht zur Hand. Nicht so ohne weiteres. Jedenfalls. Auch Pazifismus stellt sich als kulturelle Konstruktion heraus und ist als solche nur in Übersetzung zugänglich. Die Stummheit der Beistehenden während der Verhaftungen von Friedensaktivisten. Ich musste das als ein Gewährenlassen deuten. Die Stille während der Polizeihandlungen brachte das Motiv des Schweigens beim Abholen in Erinnerung. Die Vorstellung, von zu Hause abgeholt zu werden und alle schauen zu. Dieses Motiv war mir durch die Kirchenpropaganda der 50er Jahre zugefallen. Einerseits ging es dabei um katholische Märtyrer und Märtyrerinnen des Kalten Kriegs. Im Ostblock. Da vor allem in Polen. Aber auch aus afrikanischen Ländern wurde diese Geschichte erzählt. Katholische Priester und Ordensfrauen wurden im Morgengrauen abgeholt und niemand fiel den autoritär Handelnden in den Arm. Obwohl alle wussten, dass Folter und Mord der Abgeholten das Ziel dieses Wegbringens war. Als die zu perfekten Katholikinnen heranzubildenden kleinen Mädchen wurden wir metaphorisch an den Straßenrand gestellt, diesen Verhaftungen Zeuginnen zu sein. Als Einzige. Und darin die eigene Verhaftung fiktiv in Kauf zu nehmen. Fiktiv und metaphorisch. Als Entlastungshandlung und als Freikauf war dann die Spende des Taschengelds in den Opferstock eingebaut. In den Opferstock mit dem afrikanischen Buben, der im Lendenschurz mit gefalteten Händen da kniete und auf den Druck der eingeworfenen Münze mit einem Nicken reagierte. Die Dankbarkeit des kleinen Negerleins war so zu verdienen. Regelmäßig nickte er. Der kleine Mohr. Meist nickte er für Münzen, die der Mutter aus der Gedlbörse genommen worden waren. Wir bekamen da noch überhaupt kein Taschengeld. Gestohlenes Geld also musste diese Entlastung herstellen. Und die Qual war dann, was nun gebeichtet werden musste. Der Diebstahl an der Mutter oder der Betrug am Negerlein. Die Gegnerschaft gegen Gewalt war so schon ins Schuldhafte gezerrt. Ins Ungenaue. Die Kirchenpropaganda der 50er Jahre in Österreich nahm sich aber vor allem der Zeit des Nationalsozialismus an. Die Verklammerung von faschistischer Politik mit österreichischem Katholizismus im Austrofaschismus war ja durch die Rückkehr 1945 zu den Gesetzen von 1938 freigesprochen. Die österreichische Geschichte nahm den Faden bei 1938 wieder auf. Die katholische Kirche betonte nur noch ihren Widerstand gegen den Nationalsozialismus und vergaß den Grund dafür, der in der basalen Verquickung in die austrofaschistische Politik lag. Die Umerziehungspropaganda der 50er Jahre benutzte dann das Motiv des Abholens als eine Beschreibung der nationalsozialistischen Schrecken. Der Beginn dieser Schrecken, das war dieses Abgeholtwerden. Die Schrecken selbst wurden uns in Form von KZ-Filmen vorgeführt. Während der Vorbereitungsstunden zur ersten heiligen Kommunion wurden uns SS-KZ-Dokumentationen vorgeführt. Die Reihen nackter Frauen vor den Türen zur Gaskammer. Die Frauen mit Kindern auf den Armen. Wir bekamen nur Frauen zu sehen. Und dann schon die Haufen von Haaren. Brillen. Wie ich heute weiß, war die Absicht dieser Kirchenpropaganda, vom Nationalsozialismus freizusprechen. »Seht her«, sollte das gehen, »das waren die Nazis. Aber ihr. Ihr Katholiken. Ihr seid die Guten. Ihr habt das nicht getan. Wir waren ja dagegen. Aber behaltet das in Erinnerung. Zu solchen Schandtaten ist der Mensch fähig, wenn er nicht durch den Glauben gerettet ist. Gerettet wird.« Bei mir. In meinen Jungscharstunden. Da funktionierte der Freispruch nicht. Da wies der kleine blonde Kaplan das Böse den kleinen Mädchenherzen zu. Das wäre das Böse, das in uns wohne. Das Böse, gegen das nur der Glaube an Jesus helfen könne. Der Freispruch war durch den missionarischen Eifer dieses Kaplans für uns in einen Schuldspruch verwandelt. Katechismus. KZ-Filme. Und dann in den Hof des Pfarrhauses zum Völkerball. So liefen diese Jungscharnachmittage ab. Mit dem Wissen, was nach dem Abholen dann geschah, Völkerball. Die Reaktion war eine tiefe Verzweiflung über die Welt. Ein heftiges und sexualisiertes Interesse an Gewalt. Der Versuch, in die Passivität von Glauben zu verfallen und sich Opfer sein lassen. Ein Widerstand dagegen, dass das alles Wirklichkeit sein sollte. Und ein Widerstand dagegen, sich für eine Seite entscheiden zu müssen. Mit Glauben ein Opfer. Mit Unglauben ein Täter. Und das befriedigende Vergnügen, beim Völkerball dann auf ein besonders dickes Mädchen mit aller Kraft einzuschießen. Ohne Reue. Das war ja nach den Regeln.

In New York. In diesem Frühling. Da mündete das in den Impuls, wenigstens zu schreien. Beim Abholen. Auf die Frage, warum dieses schweigende Beobachten notwendig wäre, bekam ich keine Antwort. Da. Auf der Straße. Die Frage wurde nicht einmal verstanden. Und so war ich auf die mehr oder weniger abfälligen Schilderungen europäischen Einspruchs gegen diesen Krieg angewiesen. Die Vertreter dieser menschlichen Großindividuen in der Verzerrung über eine meist nationalistische Berichterstattung wurden mein Trost. Die deutsche Haltung eine argumentative Stütze. Denn. In der Diskussion um diesen Krieg war der pazifistische Grundkonsens endgültig aufgesagt worden. Bis dahin war allen Diskussionen immer der Satz vorangestellt gewesen, dass Krieg nicht sein sollte. Dass Krieg das falsche Mittel sei. Dass Krieg überhaupt kein Mittel sein dürfe. Die Emanzipation der USA von Europa drückt sich in dieser Aufsagung aus. Während in Europa Pazifismus aus einer Ablehnung von Krieg überhaupt argumentiert wird, ist in den USA Krieg selbstverständlicher Ausdruck nationalen Handelns. Ohne rhetorisches Bekenntnis zu Frieden. Die Friedensbewegung da muss also wieder von vorne anfangen und ist damit natürlich überfordert. In der Akzeptanz des Kriegs als Mittel zur Durchsetzung affektiver Interessen hat zur Ohnmacht gegen reale und logische Argumente geführt. Die frühen Vermutungen, dass die Gründe für diesen Krieg Fiktion waren. Diese Vermutungen verdichten sich ja zu Gewissheiten. Die Fiktionalisierung der Welt wird damit einmal mehr weitergetrieben. Politik als Regiekonzept der Umsetzung auktorialer Entwürfe. Mir ist das Bestätigung der Annahme, dass der Graf von Monte Christo so etwas wie die idealtypische Traumkonstruktion des mächtigen Mannes darstellt. Der Auftritt von Präsident Bush in Uniform auf dem Flugzeugträger beschreibt dann noch die Nähe zu Revue und Vaudeville. Zu den Wurzeln von Hollywood also. Erfährt frau dann noch, dass die Farmer. Die ganz normalen Farmer im »biblebelt« mit dem Anbau von Marihuana zumindest so viel Geld verdienen wie mit dem gesamten Maisanbau. Und wenn dann beschrieben wird, dass die Pornoindustrie mit ihrem Umsatz den von Hollywood an den Kinokassen weitaus übertrifft. Dann entsteht schon der Eindruck, diese spezielle Form von menschlichem Großindividuum USA ist mit der Konstruktion einer nationalen

Männlichkeitskonfiguration beschäftigt, die mit Hilfe von Bedrohungsszenarien von außen von inneren Inkonsistenzen ablenken will. Zumindest lässt sich so von der eigenen Doppelmoral ablenken. Von Kulturarbeit ist keine Rede. Die Bedürfnisse eines Anderen gehen im Fahnenflattern unter. So. Wie es schon immer war.

Mit dieser Selbstverständlichkeit von Krieg, mit der das Vietnamtrauma endgültig abgestreift werden kann. Wieder einmal muss die Versehrung als neue Quelle des Nationalen fungieren. Hier von 9/11. Und in der Logik eines solchen Nationalen ist dann uneingesprochene Parallelführung von Motiven möglich. Wenn an einem Tag ein Denkmal für die Feuerwehrmänner enthüllt wird und die Entlassung von 3000 dieser Feuerwehrmänner aus Einsparungsgründen bekannt gegeben wird. Immerhin noch an unterschiedlichen Orten. Die Helden werden Helden und gleichzeitig arbeitslos. Ich denke, die beiden Ereignisse könnten auch zusammengelegt werden. Ein Widerspruch wird hier nicht mehr erkannt. Die Ebene der Symbole und die zu lebende Realität können nicht aufeinander bezogen werden. Das Jetzt findet keine Deutung.

Wenn Krieg selbstverständlich ist. Wieder selbstverständlich ist. Was bedeutet das für den Pazifismus. Mein eigener ist ohnehin eine sehr prekäre Konstruktion. Und regelmäßg muss ich meinen Pazifismus darauf befragen, ob es sich nicht doch nur um ein Wegducken handelt. Um eine Möglichkeit, sich nicht verhalten zu müssen. Die 2 Jahre Wiener Donnerstagsdemonstrationen gegen die Mitte-Rechts-Regierung waren darin sehr wichtig. Woche für Woche stellte sich die Frage, ob ich die Zeit aufbringen würde. Ob ich den Widerstand überwinden werde können, neben den Polizisten über die Wiener Ringstraße zu wandern. Würde es möglich sein, den Impuls im Zaum zu halten, diese Situation vermeiden zu wollen und Arbeit vorschiebend zu Hause zu bleiben. Und würde auch der gegenteilige Impuls, die Polizisten und Polizistinnen attackieren zu wollen. Würde dieser Impuls zum Ausbruch kommen. Würde der beim

Anblick der in einer Plastikschale am Gürtel getragenen Glock hochschießende Hass. Die Lust, diese Waffen einfach zu entwinden und gegen den Polizisten oder die Polizistin zu richten. Würde die Ohnmacht, die diese Personen auslösen, wenn sie einem in ihrem riot gear gegenüberstehen. Würde dieser Gefühls- und Reaktionswust wieder in dem Gehen aufgelöst werden können. Ohne in Schmähungen der Polizei verfallen zu müssen und sie als das behandeln zu können, was sie ist. Die Polizei. Ein Symptom der nicht bis zur Gewaltlosigkeit durchgeführten Kulturarbeit. Und würde es auch nicht notwendig sein, in der Ausgesetztheit des wehrlosen Körpers gegen den bewaffneten und durch Helme und kugelsichere Weste geschützten Körper in eine unterwerfende Verbrüderung zu verfallen. Würde es möglich sein, die Würde zu bewahren. In den Gesprächen mit den Polizeioffizieren, die das Gespräch suchend sich unter die Demonstranten mischten. Gehend. In der spazierenden Gehweise dieser Donnerstagsdemonstrationen, in denen schon dieses Gehen und Plaudern Überwindung all der auf einen eindringenden Wünsche und Notwendigkeiten war. Meistens. Immer wieder traten diese Überwindung anfechtenden Situationen auf. Mein Pazifismus scheint mir nicht so organisch zu sein. Immer wieder könnte er mir Vorwand für ziemlich unpazifistische Vorgangsweisen sein. Und sei es auch nur die Stereotypisierung der Gewaltvertreter. Mein Pazifismus hat auch lange Zeiten der Sistierung hinter sich. Ich würde zu keiner Zeit meines Lebens mich nicht als Pazifistin gesehen haben. Und doch gab es in den Hochzeiten des Terrorismus auch eine große Befriedigung, wie die männlichen Machtzentralen verunsichert waren. Wie sehr sich eine Verletzlichkeit offenbarte. Angst. Und wie sehr in der Möglichkeit, zu verletzen, Wohlgefühle zu finden waren. Wie sehr Rache. Immerhin konnte ich die Konkretisierung anonymer Gewalt nicht vertreten. Ich wurde dafür in Mailand 1979 von Sympathisanten der brigade rosse als »borghese« beschimpft und nicht mehr zum Abendessen mitgenommen. Weitergehend wurde diese Einstellung nicht getestet.

In New York. Am Rand dieser kleinen Antikriegsdemonstrationen stehend, deren Bedeutung in den Medien erst anhand der Anzahl der Verhaftungen zum Tragen kam. Es wurde die Bedeutung dieser Demonstrationen von der Polizei bestimmt. Durch die polizeilichen Maßnahmen wurden diese Demonstrationen zur Kenntnis genommen. Eine Erfahrung, die sich auf alle Antikriegsdemonstrationen dieses Frühjahres ausdehnen lässt. Die Polizeieinsätze bestimmen die Bedeutung. Eine Erfahrung, die die Unterlegenheit differenzierter Beweggründe und Verhaltensweisen gegenüber hierarchisch geordneten, in ihren Handlungsmotiven schematisierten Vorgangsweisen bestätigt. Eine Erfahrung, die ein differenziertes Wahrnehmen der so handelnden Personen der Polizei unmöglich macht. Bei den Donnerstagsdemonstrationen in Wien gab es einen ununterbrochenen Strom von Verächtlichmachungen der Demonstranten durch Bemerkungen der Polizisten. Diese Bemerkungen betrafen vor allem das Aussehen der Frauen bei den Demos. Nach Meinung der Polizisten waren wir nicht attraktiv genug. Insgesamt eine Schande für zusehende Touristen. Wir waren auch nicht jung genug. Für diese durch die Teilnahme der Polizei veröffentlichten Gänge. Auch die Polizisten hatten für diese Prozessionen mehr etwas Revueartiges im Sinn. Das Prozessionsartige an diesen Gängen kommt natürlich aus dem Wiener Barock-Klerikalen. Prozessionen sind eine Form öffentlichen Bekenntnisses. Und so musste ich mich auch noch fragen, ob ich zu diesen Demonstrationen so regelmäßig ging, weil ich damit unterdrückte religiös kirchliche Rituale ausleben konnte, ohne Schaden an meinem pazifistischen Weltgefühl nehmen zu müssen.

Allan Sekula, der Fotograf und Performancekünstler aus Los Angeles, erklärte mir dann die Gründe für das New Yorker Schweigen bei den Verhaftungen. Man müsse schweigen, sagte er. Man müsse still sein, um die Polizei nicht zu provozieren. Es handle sich um ein Solidaritätsschweigen zugunsten der Demonstranten, die unter den Polizisten da auf dem Boden lagen.

Wie gesagt. Die Choreografie wird von der Polizei bestimmt.

Während aber nun die Beispiele von Verhaftungen in Wien, Berlin, Salzburg und Genua, die ich kenne, jeweils aus einer Konfrontationssituation entstanden. Die Polizei provozierte und war provoziert. Es wurde geschrien, und es war die Waffenungleichheit, die dann die Verhaftungen ermöglichte. Im April in New York wählte die Polizei aus einer Gruppe legal demonstrierender Personen zu Verhaftende aus. Griffen nach der Person und überwältigten sie. Für diesen Vorgang wurde ihnen ein besonderer Raum zugestanden. Die Stille. Darin konnten sie ihrem Geschäft nachgehen. Konzentriert. Ohne Intervention von außen. Selbst die Tritte gegen die am Boden liegende Person lösten keine Reaktion der Umstehenden aus. Steinerne Gesichter. Stumm. Fotografien wurden gemacht. Videoaufnahmen. Aber keine Fensehkameras waren als Zeugen da. Antikriegshaltungen waren in dieser Zeit nur Nachweis für die Notwendigkeit von Krieg. Dieses Kriegs. Hartes Durchgreifen gegen diese Verweichlichungen der Gewaltlosigkeit. Gegnerschaft gegen Gewalt war Landesverrat. Dieses erfrorene, erstarrte Dabeistehen war Ausdruck der Ohnmacht. Und Rücksicht auf die Gewalt. Gewaltlosigkeit als Affirmation der Gewalt. In diesem für die Zufügung bereitgestellten Raum des Umstehens. Eine Zulassung.

Und hierin nun wiederum die Frage nach dem Pazifismus. Ist das nun ein Eingeben. Ein Zulassen von Notwendigkeiten. Ja. Drückt sich darin der Pazifismus schon aus. Korrumpiert sich der Pazifismus in dieser Situation in eine Definition, die dann doch nur eine Komplizenschaft mit der Gewalt beschreibt. Ein einfaches Täter–Opfer-Bild. Letzten Endes. Und die Opfer machen die Kulturarbeit. Und die Täter löschen sie wieder aus. Eine in sich oszillierende Situation bleibt das, aus der niemand hinauskann. Und nicht hinausmuss. Weil niemand sich eine Welt ohne Gewalt vorstellen kann. Vorstellen will. Ist das nun, weil der Verlust der Erotik droht. Dadurch. Wird durch den täglichen Kleinanspruch an Gewalt die Potenz erhalten. Muss so erhalten werden. Gegen ein von Sigmund Freud vorausgesagtes Abklingen des Sexualtriebs durch die Überwindung von Gewalt.

Und was bedeuten diese so verschiedenen Dramaturgien der Auseinandersetzung des privaten Pazifismus mit staatlicher Gewalt. Ist Deutschland mit der Ablehnung dieses Kriegs nun pazifistisch. Oder war nur dieser Krieg nicht gewollt. Ist die Vorstellung von Gewaltfreiheit hier weniger bedrohlich und muss nicht wie in den USA vollkommen privatisiert werden, um das staatliche Gewaltmonopol verteidigen zu können. Liegt es vielleicht nur ganz einfach an der anderen Tradition privatem Waffengebrauch gegenüber. Die Polizisten in New York. Die mit der stun gun. Die erwarten ja jederzeit Waffengebrauch ihnen gegenüber. Ein Waffenbesitz, den sie wiederum verteidigen müssen. Und würden. In den USA geht es um den Einsatz der privat selbstverständlichen Waffen. Das Gewaltmonopol steht gegen den Einsatz. In Europa ist das Gewaltmonopol noch mehr mit dem Besitz der Waffe beschäftigt. Welche symbolischen Ebenen ziehen diese Unterschiede nach sich und wie verkeilen die sich ineinander.

Ich habe die Anpassungsleistung nicht geschafft. Ich konnte diese Demonstrationen dann nur noch sehr kurz besuchen. Es waren Besuche und keine Teilnahme mehr. Die Möglichkeit von Gewaltlosigkeit. Sie ist mir einmal mehr abhanden gekommen. In dieser Reaktion. Wie auch nicht, wenn ich mich nicht in eine mir fremde Strategie von Gewaltlosigkeit einfinden kann. Und hieße der Weg von Gewalt weg einen immer fortschreitenden Entwurf von etwas, das wir uns noch gar nicht vorstellen können, bevor wir es uns vorgestellt haben. Und wie kann ein solcher Weg demokratisch begangen werden. Und nicht arbeitsteilig. Die sozialdarwinistischen Entwürfe der politischen USA sehen Personal vor für die Erledigung des Gewaltproblems. Aber kann eine Personengruppe gebildet werden, die dann für – wenn das überhaupt gelänge – für die Verwaltung der auslaufenden Restgewalt und möglicherweise wiederkehrenden Restgewalt zu Verfügung stehen müsste. Und bedeutet das, neben der Ausgrenzung solcher Gruppen aus der Teilnahme an der Gewaltlosigkeit. Bedeutet das nicht, diese Personen als Archiv der Gewalt zu riskieren. Die Erinnerung an Gewalt so aufzubewahren. Und kann Gewaltlosigkeit dann je sicher sein. Vor dieser Erinnerung. Vor einer solchen Erinnerung. Und bedeutet das, dass wir dieses Verlernen von Gewalt auf uns alle verteilen müssen. Und müssen wir dann eben ein Jahr Gefängnisaufseherin sein. Um die Last diese Verlernens demokratisch zu verteilen. Oder benötigen wir eine Avantgarde der Kulturarbeit, die die Doppelrolle dieses Verlernens der Gewalt und des Erlernens der Gewaltlosigkeit übernehmen kann. Und wäre das dann nicht wieder eine Konstruktion von Patriarchat. Eine andere Frage, die sich nach diesem Krieg nun wieder stellt, ist die Frage des Fiktionalen als Archiv der Gewalt und als Archiv der Gewaltverlernunfähigkeit. Eine Frage nach dem Begriff von Freiheit ist das. Nach einem Begriff von Freiheit, der in der Transzendenz des Anderen die eigene Freiheit sieht. Eine Manifestation des Eigenen in der Überwindung des Anderen. Ein Begriff von Freiheit, der die Moderne mitbegründet. Ein Begriff von Freiheit in der Abwendung vom Gott des Abendländischen. Darin sind große Teile unserer Kultur enthalten. Was bedeuten alle diese Fragen für die Fantasie. Welche Fantasien gestatte ich mir als Pazifistin und welche Fantasien veröffentliche ich. Und wie wird der Stillstand sich darstellen, wenn die Zerstörungen nicht mehr die Veränderung diktieren. Und wie komme ich zu der Sicherheit, wie sie Freuds Aufsätze zum Krieg atmen. Wie diese Selbstverständlichkeit der Ruhe und des Abstands, wenn der Zorn so groß ist. Es wird mir wohl nichts anderes übrig bleiben, es zu halten wie bisher. Die Aufsätze lesen. Der Sicherheit des Arguments nachgehen. Darin. Und diesem Beispiel folgend, die Arbeit wieder von vorne beginnen und in all den Widersprüchen und Inkonsistenzen in dieser Arbeit bei sich bleiben. In allem Zorn.

Aus dem Zauberland des Patriarchats.

Vor Jahren las ich auf der Wissenschaftsseite der »Neuen Zürcher Zeitung«, dass Frauen ein dreimal höheres Brustkrebsrisiko zu gewärtigen hätten, wenn sie jeden Tag Joghurt äßen. Das war eine dieser klein gedruckten Meldungen. Rechts unten.

Jedes Mal. Seit damals. Wenn ich Joghurt esse, fällt mir diese Meldung ein. Jedes Mal versuche ich, diese Statistik auf mein Leben zu beziehen. Natürlich geht das nicht. Und selbstverständlich schon gar nicht. Denn. Selbstverständlich kann ich diese Meldung nicht auf mein Leben beziehen. Diese Meldung bezieht sich ja auf sich selbst als Wissenschaft. Diese Meldung stellt also sich und damit Wissenschaft her. Die Sprache dieser Meldung sieht eine auf mich bezogene Lesart gar nicht vor. Aber gerade darin übt diese Meldung Wirkung auf mein Leben aus. Unsicherheit. Dem Joghurt gegenüber. Ängstlichkeit. Und deren Verdrängung. Was soll's. Joghurt ist gesund. Oder?

Die kleine medizinwissenschaftliche Meldung hat gerade in ihrer Irrelevanz für mich ihre Wirkung auf mich entfaltet. In der kühlen Unangreifbarkeit der wissenschaftlichen Daten ist dieses Spiel mit Gefühlen immer inbegriffen. Konstruiert sich aus den Gefühlen der Autoren dieser Meldung. Meine Angst ist gemeint. Und. Angst ist immer Todesangst. Die letzten Dinge. Die Basis bilden immer die letzten Dinge. Die Vorstellung von dieser Ausgeliefertheit an die letzten Dinge. Das sind immer Melancholiekonzepte. Und kein Bewusstsein davon.

Macht. Und eine derartige Information über meine Chancen auf Brustkrebs entzieht mir die Möglichkeit unbeschwerten Umgangs mit mir selbst. Vermindert diese Möglichkeit. Verändert den Umgang mit Welt und darin wiederum mich selbst in der Welt. Im kühlen Entzug des Lebens aus den statistischen wissenschaftlichen Daten wird über die Verknüpfung der Daten mit Sprache Macht ausgedrückt. Und in diesem Ausdruck ausgeübt. Desinteressierte Macht ist das. Es steht ja nicht da: »Du sollst kein Joghurt essen.« Oder. »Wenn du Joghurt isst, wirst du Brustkrebs bekommen.« Solche Sätze. Und solche Sätze beruhen auf einem ähnlich statistischen Kalkül. Gebote beruhen auch auf der statistischen Wahrscheinlichkeit, dass ihre Übertretung offenkundig wird und dann geahndet werden muss. Soziales Lernen über Gebote und Verbote ist ja immer mit Drohung verbunden. Gebote und Verbote werden über Bedrohtsein eingeübt. Und. Verständnisloses Befolgen ist gleich willkommen wie die zustimmende Durchdringung des Regelwerks. Ja. In der mir bekannten hiesigen Form des Katholischen wird das verständnislose Befolgen deutlich vorgezogen.

Aber. Wie gesagt. Solche selbstenthüllenden Sätze müssen Macht nicht mehr aussprechen. Die metaphysischen Bedrohungsszenarien sind internalisiert. Mittlerweile. Es genügt mittlerweile, objektiv zu berichten. Dafür genügt es, ganze Sätze zu formulieren. Korrekte entpersonalisierte Grammatik. Korrektes Vokabular. Und jeder Satz wird der Macht zu Diensten sein. Wird sich einreihen in all diese Berichtformen.

Das Zauberland des Patriarchats wird aus solchen objektiven Berichten in dieser Form hergestellt. Wird von der Sprache dieser Form umschrieben. Dieses Zauberland des Patriarchats ist die unbetretene Insel. Eine leere Leere. Dieses Zauberland ist der dunkle Kontinent, der mit Hilfe eben dieser Berichtsform, deren Form und Sprache den Frauen zugeschrieben wird. Diese Zuschreibung soll den Frauen ein Vorhandensein als Geheimnis vorgaukeln, während von der gesellschaftlichen bis zu körperlichen jede Existenz verweigert wird. Und außerdem. Es lenkt so reizend all jene Personen ab, die nicht mit diesem Fin-de-siècle-Hollywood-women-come-from-Venus-Mythos abgespeist werden können. Die werden umgelenkt in die Erforschung des dunklen Kontinents Frau, statt sich dem Zauberland des Patriarchats zu widmen. Und das. Das ist dringender notwendig denn je.

Es ist ja doch auffallend, dass all der Frauen gewidmete Fortschritt nie zu Freiheit geführt hat. So hat die Befreiung von der unerwünschten Schwangerschaft nicht zu einer freien, selbstmächtigen Handhabung von Sexualität geführt. Die sehr präsenten aktiven Ängste, Weiblichkeit könne in Schwangerschaft zu Beschreibung kommen, hat sich über einen Beschuss mit Informationen à la Joghurt und Brustkrebs in die lauernde, passivere Angst junger Frauen verwandelt, nun nicht mehr schwanger werden zu können.

Ein Bild von Zerstörung, das uns täglich Notstände vor Augen führt, damit wir aus den Ängsten vor diesen Bedrohungsszenarien heraus neoliberale Maßnahmen als Bekämpfungsmaßnahmen erkennen. Und als Rettung gutheißen. Oder aus Angst. Aus Ängstlichkeit gar nichts mehr mitbekommen. Die Bedrohungen sind nicht neu. Sie stammen aus den Archiven unserer Kultur. Auch die Ziele sind nicht neu. Macht. Macht für die Zugelassenen und Ohnmacht für die Ausgegrenzten. Die Schnittstellen darin haben sich vermehrt. Die Überschneidungen sind vielfältiger. Und jeder unserer Lebensbereiche wird in diese Bedrohungsbilder verstrickt. Statt dass nun junge Frauen auf den wissenschaftlichen Errungenschaften aufbauend lebensplanend ihren erfolgreichen Lebensweg entwickeln, sitzen sie bei diesen Gesprächen. Dann. Wenn frau früher Schwangerschaftstests kaufen ging. Für die Freundin. Bei diesen langen, langen Gesprächen, ob frau es bekommen sollte. Heute betrifft die Verzweiflung die Möglichkeit der Schwangerschaft überhaupt. Der Frauenkörper verbleibt so in der Geiselhaft von Fremdbestimmung. Einschränkung wie eh und je.

Aber. Das Spiel mit der Angst als Medium der Machtausübung im Zauberland des Patriarchats. Dieses Spiel ist grundlegender Bestandteil. Voraussetzung für den Verkaufswert von

Wissenschaft. Dass diese Meldung in der »Neuen Zürcher« abgedruckt worden war, wird von den Verfassern der zitierten Studie ganz sicher vermerkt. Man hatte Resonanz. Man hatte Presse. Und damit Relevanz. Das können die Geldgeber verstehen. Und gleichzeitig ist in diesem Nicht-beziehen-Können der Information der Lernprozess enthalten, dass diese Information nicht bezogen werden kann. Aber genau darin und deswegen bedeutend. Bedeutung stiftend.

Nun hat keine der Wissenschaften. Nicht die Naturwissenschaften. Nicht die Geisteswissenschaften. Keine hat bisher mehr als eine solche Konstruktion von Bedeutung geliefert. Nicht einmal eine vollständige Beschreibung des Gegenstands der Begierde von Wissenschaften liegt vor. Wissenschaftssprache und das meiste, was an Sprachen in der Kunst verwendet wird. Alle diese Sprachen benützen die Reproduktion ihres Ansatzes als Grammatik. In diesen Sprachen werden Konstruktionen erfüllt, deren in die Grammatik enthüllter Ansatz aus dem 18. Jahrhundert kommt. Aus dem 19. Jede Befragung eines Hier und Jetzt ist in dieser Grammatik verfangen. Zukunft kann da immer nur eine von diesen technologisierten Utopien werden, deren Entwurf selbst schon wieder, das Gegebene reproduzierend, PR-Text für irgendeine Produktkategorie ist. Gentechnik ist davon nur eine.

Die verkäuflichen Wissenschaften werden ihren Unterhaltungswert noch ein bisschen verbessern müssen. Immerhin. Angst *sells*. Sie ist gelernt. Ist im Lesen dieser wissenschaftlichen Notiz inbegriffen. Ein Einstieg. Der Einstieg. Die unverkäuflicheren Wissenschaften und die vollends unverkäufliche Kunst haben es da leichter. Mangels Verführung.

Aber. Wie dem entkommen. Wie sich dem entwinden. Ich denke, wir arbeiten an demselben Projekt. Texte, deren Form den Inhalt unzerstört und unzensiert entbirgt. Für mich heißt das Zerstörung der Form. Voraussetzung für mich ist dafür eine vollkommene Infragestellung aller Begriffe einer emotionalen Kultur, aus der ich berichte. Die, hinter den Wirklichkeiten angelagert, diese Wirklichkeiten generiert. Eine Infragestellung aller Begriffe von Welt und Leben. Das betrifft Ihre Arbeit genauso wie meine. Für mich heißt das Fragmentierung, aus der ich Beruhigung beziehe.

Aber. Ich habe mich entschlossen. Und das halte ich für meine radikalste Absage an die patriarchalen Erbschaften meiner Kultur in Form der alles überlagernden Melancholiekonzepte. Ich habe mich entschlossen, das Leben zu mögen und mich meiner Wirklichkeit verpflichtet zu fühlen. Das löst wiederum die radikalsten Umstürze aller wissentlich und unwissentlich tradierten inhaltlichen Ökonomien aus. Das lässt sich oft nur in Stammeln ausdrücken. Das lässt oft nur Raum für Rhythmus. Oder nur Laut. Mit Hilfe der zu entledigenden alten Sprache muss eine neue Sprache geborgen werden. Das ist ein gefährlicher Weg. Das ist ein Weg, der in Trauerarbeit beginnt. Es gilt schließlich, ein Vollständig-Neues, Noch-nicht-zu-Denkendes zu entwerfen und sich währenddessen des Alten, Imperialen zu entledigen und das Sprechen nicht aufzugeben. Dieser Kongress scheint mir ein Schritt auf diesem Weg zu sein. Viel Erfolg darin.

Haben. Sein. Und werden.
Eine Predigt.

Am 20. August. Ich saß im Flugzeug nach Chicago. Sie kennen diesen Augenblick. Das Handgepäck ist verstaut. Irgendwie. Alle haben sich eingerichtet. Alle sind angeschnallt. In den Monitoren laufen die clips mit den Sicherheitsanweisungen. Flugbegleiterinnen und Flugbegleiter eilen die Gänge auf und ab. Das Flugzeug schiebt sich dem Rollfeld zu. Und. Einen Augenblick steigt diese Panik auf. Einen Augenblick lang ist diese Selbstaufgabe nicht selbstverständlich. Einen Augenblick lang ist das Vertrauen in Maschine und Mensch nicht selbstverständlich. Sie kennen das. Man rückt im Sitz zurecht. Holt tief Luft. Zieht den Gurt enger. Schlägt die Zeitung auf. Beginnt zu lesen. Wir sind gut trainiert. Wir haben vielleicht das Urvertrauen in unseren Beziehungen verloren. Aber wenn die Technik es uns abverlangt. Dann können wir das Urvertrauen ein- und ausschalten. Meistens. Jedenfalls. Und sollte der Gedanke an Abstürze gar nicht wegzudrängen sein. Dann lassen wir ein paar vage statistische Daten aufsteigen. Die vom Flugzeug als sicherstem Verkehrsmittel. Und dass über die Straße gehen weitaus gefährlicher sei. Magischer Egoismus hilft. Einem selber. Einem selber passiere so etwas nicht. Und dann gibt es ja noch die chemischen Hilfen. Alkohol. Valium.

Am 20. August also. In ebendiesem Augenblick las ich im englischen »Guardian«, dass in Großbritannien ein Streit zwischen Ärzten ausgebrochen sei. Die einen Anästhesisten verlangten die vollständige Betäubung hirntoter Organspender bei der Explantation der Organe. Weil man nicht wisse, was ein Mensch am

Ende noch spüren oder wissen könne. Die anderen Ärzte hielten eine vollständige Betäubung für überflüssig. Überflüssig. Und zu teuer.

Ich saß da. In den Sitz gepresst. Sicher, dieses Flugzeug könne seine Behäbigkeit nie überwinden, musste ich mir vorstellen, dass Menschen auf Operationstische geschnallt werden. Aufgeschnitten. Ausgeräumt. Dass diese Menschen sich wehrten. Bewegten. Reagierten. Jedenfalls. Dass diese Menschen paralysiert werden müssten, um sie in Ruhe aufschneiden zu können. Und dass die Möglichkeit bestünde, immerhin, dass diese Menschen noch etwas fühlten. Wüssten. Ahnten. Dass also das Letzte, was diese Menschen erführen, ihre Ausweidung wäre.

Ich erinnerte mich an den erschüttert herablassenden Ton, in dem im Bosnienkonflikt davon berichtet wurde, dass Menschen andersgläubigen Nachbarn die Herzen bei lebendigem Leib herausgerissen hätten. In unserer Gesellschaft wird das also auch gemacht. Dachte ich. Klinisch sauber. In nicht zugänglichen Räumen. Nicht im Vorgarten. Aber gemacht doch. Und in beiden Fällen wird dieses Herz-Herausschneiden durch eine Umbenennung ermöglicht. In beiden Fällen wird die Person durch einen sprachlichen Akt der Umbenennung vom Menschen zum Nichtmenschen: Im Fall der Explantation durch die Feststellung des Hirntods. Im Bosnienkonflikt war es die Definition der Nationalität. In beiden Fällen wird der Ausschluss aus der Gemeinsamkeit des Mensch-Seins vorgenommen. Und in beiden Fällen ist es die Anwendung des Messers, die durch diese Umbenennung ermöglicht wird. Dass dieses Messer einmal steril geführt wird und im anderen Fall sicher nicht so, ist vom Standpunkt der Agonie des Opfers völlig gleichgültig. Offenkundig reicht der Akt der Umbenennung aus, alle Empathie abzuschneiden. Weiterhin.

Im Sprechakt der Definition. In der Delegation an Obskur-Abstraktes wird Auslöschung möglich. Weiterhin. Täter und Gesellschaft sind eins. In der Sprache sind alle Möglichkeiten beschlossen. Weiterhin.

Und ich sitze im Flugzeug, das schwerfällig über den Feldern bei Schwechat aufsteigt, und wünsche mir, das Sprechen wäre schwieriger und müsste jedes Mal neu sein und könnte immer nur sich sagen.

Und während mir einmal mehr die Ungeheuerlichkeit der Möglichkeit solcher Delegation an Kategorien Erstickungs-ängste auslöst, bin ich gleichzeitig an diesem reinlichen Kannibalismus mitbeteiligt. Während ich mir die Situation im Operationssaal vor Augen führe, benütze ich die Vorstellung einer solchen letzttaugenblicklichen ausdrucksunfähigen in sich gestürzten Agonie – und wer macht sich keine Gedanken, wie ihr oder sein letzter Augenblick aussehen wird –, um meine Situation des schwerfälligen Hinauf der Boing 747 zu bewältigen.

Im Satzmuster von Subjekt/Prädikat/Objekt bin ich schon mit der Fortschreibung des Zufügens beschäftigt. Aus Angst begebe ich mich in ein Einverständnis mit dem Subjekt. Wie grauenhaft. Denke ich. Wie entsetzlich. Und im darin enthaltenen Blick auf den ausgeweideten Leib bin ich auf der Seite der Kannibalen. Entfernt zwar. Aber. Die Grammatik legt den Blick fest. Ist Ansicht. Und so vergewissert sich der Text der Komplizenschaft im Subjekt dem Objekt gegenüber. Der Text muss das. Einen anderen Ausdruck von Existenz gibt es in unserer Sprache nicht. Selbst die Verwandlung des Objekts in das Subjekt des Passivs bleibt täterbezogen. Die Grammatik zwingt uns den Tätern zu. Und. Überleben wird im Sprechen entschieden. Weiterhin. So.

Ich sitze also da. Das Flugzeug steigt südlich über Wien auf. Sonne. Himmelblau und Wölkchen. Im Flugzeug ist längst nichts mehr vom Fliegen zu bemerken. Auf den großen Monitoren wird die Flugroute angezeigt. Die Flughöhe. Die Geschwindigkeit. Die Zeit hier und dort. Auf den kleinen Monitoren kann ich auf die Erde hinuntersehen. Auf die Wölkchen dazwischen. Ich sitze nicht am Fenster. Ich weiß vom Monitor, dass ich fliege.

Alle rundum reden wieder. Holen ihre Taschen aus den Gepäckfächern. Ich lese die Zeitung weiter. Ich habe mich in die Situation eingefunden. Spielerisch. Als ob. Ich fliege, als ob ich flöge. Ich muss bei dieser Vorstellung bleiben, weil ich ja gar nicht weiß. Jedenfalls nicht genau. Wie Fliegen funktioniert. Wie ich von den allerwenigsten Dingen überhaupt weiß. Wissen kann. Was für eine Wirklichkeit sie sind, die aber zu *meiner* Wirklichkeit führen. Das Schwierige daran ist ja nun, dass dieses »als ob« und die Wirklichkeit ineinanderragen. Wie kann das beschrieben werden. Die Explantation findet ja wirklich statt, als ob die Person schon tot wäre.

Aus den vielen Möglichkeiten, den Blick auf die Welt in Sprache zu richten, ist uns die kitschigste geblieben. Der ganze Satz, der Hierarchien herstellt, aus denen kein Entkommen. Der ganze Satz, der dann, zum politischen Text geronnen, Zusammenhänge konstruiert, in denen das »als ob« zur Wirklichkeit des Texts erhoben wird. Der politische Text wird ja immer geschrieben, als ob er an der Macht wäre. Aus diesem Entwurf bezieht der politische Text seinen Willen zur Auslassung, um ein Textganzes herzustellen. Der politische Text ist in dieser Fiktion des Ganzen immer Schöpfersprache. Allmachstphantasie. Je nach politischer Kultur eingegrenzt. Aber alle, die sich des Texts bedienen, gehören zu den Macht-Habenden.

In unserer Kultur hat der politische Text es einfach. Die Erbschaft des römischen Rechts stattet diesen Text mit Kategorien aus, die als Medien der Umbenennung fungieren. Verbalisierung von Ordnung ist das. Auch Ordnung muss erst gesprochen werden, bevor sie hergestellt werden kann.

Für unser Beispiel heißt das, dass der Leichnam eine Sache ist, die nicht zum Vermögen des Verstorbenen gehört. Mittels der Definition Hirntod wird die Person zu dieser Sache, die der Person nicht mehr gehört. Die Explantation kann dann stattfinden. Ob die Person noch als Person wahrgenommen wird, wird in diesem Text nicht besprochen.

Die Wirklichkeit des zu Explantierenden findet außerhalb der Wirklichkeit des politischen Texts unserer Gesellschaft statt. So wie der absystematisierte Postbedienstete meines Postamts nach der Benennung als Absystematisierter nicht mehr im Text vorkommt. So erfüllt der Sozialschmarotzer als Kategorie eine appellativ rhetorische Funktion. Der Sozialschmarotzer ist eine Bereithaltungskategorie, aus der jederzeit und beliebig Unterkategorien zur Zugangsbeschränkung fabriziert werden können. So sind die Studenten und Studentinnen, die zwar keine adäquaten Studienbedingungen vorfinden und deshalb länger studieren müssen, keine Studenten und Studentinnen mehr, wenn sie nicht die Benennung Studiengebührzahler erfüllt haben, indem sie Studiengebühren bezahlen. Und. Das ist alles ganz wörtlich so. Ob man in der »als ob«-Wirklichkeit des Entwurfs des politischen Texts bleibt oder in die wirkliche Wirklichkeit fällt. Der politische Text entscheidet das mit Hilfe von Verschiebung und Auslassung.

Der politische Text mit seinen Methoden der semantischen Verschiebung, der Auslassung, der Umbenennung, lügt. Der politische Text muss lügen, wenn er die Beschränkung auf die Wirklichkeit »als ob« aufgibt und in die Wirklichkeit strebt. Ein Wahlprogramm kann Lügen enthalten, aber es kann nicht lügen. Die Umsetzung des Wahlprogramms als Fall eines Texts in Wirklichkeit kann dem Text nicht gerecht werden. So wie jede Theateraufführung den Text Theaterschauspiel nur immer in dieser einen bestimmten Form auf die Bühne bringt und die Wahrheit aller anderen Möglichkeiten verschweigt, kann die Umsetzung des Wahlprogramms nicht alle im Text eingeschlossenen Möglichkeiten in die Wirklichkeit bringen. Nun ist der Text Theaterschauspiel ein Text, der nur auf seine eigene Wirklichkeit verweist und darin zur eigenen Wirklichkeit wird. Diese eigene Wirklichkeit kann nur mittelbar auf die Wirklichkeit des Zusehers oder der Zuseherin einwirken. Der Text des Wahlprogramms dagegen bedient sich ähnlicher Umsetzungsformen. Ist in dieser Umsetzung ähnlich eingeschränkt. Aber diese Umsetzung hat nicht Modellcharakter. Es gibt keine Möglichkeit, verschiedene Interpretationen eines Wahlprogramms durchzuprobieren. Oder den Regisseur oder die Regisseurin öfter zu wechseln. Es handelt sich um Leben, das betroffen ist. Bei Klimakonferenzen geht es um das Atemholen. Bei Bildungsfragen um ein Zu-Gedanken-Kommen. Es geht um die bittere Wirklichkeit, wie in einer Gesellschaft letzte Augenblicke möglich sind. Und trotzdem wird der politische Text so erstellt, als ob es nur um den Text ginge. Der politische Text ist Fiktion, die dann als Gebrauchsanleitung wirksam wird und in dieser Transformation geschieht die Lüge.

In unserer Kultur ist diese Lüge systemischer als anderswo. Die Erbschaft des Metaphysischen ist nie aufgesagt worden. In unserer Kultur. Der politische Text will und muss Heilstext sein und will sich von einer alles erklärenden Weltsicht herleiten. In Österreich ist das immer Heilsversprechung. Ist das in der Ableitung von Predigt und Verordnung. Und jeder Text außerhalb dieser Kategorien war und ist schon Gegentext und unterliegt darin schon einer internalisierten Zensur.

Der Wunsch, Widerspruch gegen den politischen Text vollkommen auszuschalten, hat darin seine Geschichte und ist aus der weiterhin wirksamen Heilssehnsucht zu erklären. Man möchte nur das Beste. Man weiß auch ganz genau, was das Beste ist. Das ist Verkündigung. So haben wir es gelernt. Alle. So etwas verlernt sich nicht. Ministrieren ist da wie Schwimmen. Und die Unverständigen zwingt man zum Glück. Oder verliert sie mit Hilfe irgendeiner Umbenennungskategorie, die man sich ja bereitgestellt hat. Im politischen Text. Und dann feiert man wieder Dankgottesdienste. Diese Dekonstruktion monarchistischer Rituale als Textverstärker. Das ist Dada. Die semantische Verschiebung, die Auslassung, die Umbenennung, der Ebenensprung, die Fragmentierung. Waren das alles künstlerische Mittel der Avantgarde zum Verweis auf fragmentierte Wirklichkeit der Moderne, so wird hier das Mittel der Fragmentierung des Rituals des Dankgottesdienstes aus dem monarchischen und ständestaatlichen Inventar als Teil eingesetzt, ein vollständiges Bild herzustellen.

Jeder Text trifft eine Auswahl aus allen Sinneinheiten, die möglich sind. Was in einem Text vorkommt und was ausgelassen ist, schafft die Bedeutung des Texts. Wird dieser Text nun mit der Intention politischer Macht verfasst, dann wird diese Auswahl oder Auslassung existenziell. Was und was nicht und vor allem wer und wer nicht in einem politischen Text repräsentiert ist. Das hat ja wirklich Auswirkungen. Vor allem auf der symbolischen Ebene des Lesens des politischen Texts wird diese Auswahl verstärkt. Es wird darüber entschieden, wer und was auf dieser Symbolebene existiert. Oder nicht. Über die Symbolfunktion kann Existenz hergestellt werden. Oder entzogen. Und die Wirklichkeit wird darin überspielt.

Benennt der politische Text Gruppen nicht. Wie die Frauen. Oder beschreibt der politische Text Prozesse wie Emanzipation nicht. Dann existieren diese Sinneinheiten auf der Text- und Symbolebene nicht. Und dann existieren sie in dieser Form auch in der Wirklichkeit nicht. Das Fehlen auf der symbolischen Ebene im politischen Text wird zu einer Leerstelle in der Wirklichkeit. So können die emanzipiertesten Frauen auftreten. Ohne Repräsentation gibt es sie nicht. Sie werden unter anderen Kategorien auftreten müssen. Auf einer anderen, dem politischen verwandten Ebene, der Werbung, verläuft das ähnlich. Obwohl alle Frauen angezogen herumlaufen und in der Öffentlichkeit angezogen gesehen werden, wird das Palmersplakat von der bis auf die Unterwäsche ausgezogenen Frau die Repräsentation auf der Symbolebene übernehmen.

Der politische Text ist semantisch sehr freizügig. Wie sich die Bilder und Symbole unserer Kultur so ableiten. Ziemlich einfach. Kitschig. Weil diese Bilder und Symbole immer verborgen gehalten werden können. Der politische Text bleibt ja Fassade. Ich denke, dass sich zum Beispiel Dankgottesdienste ganz entfernt aus einem unserer Hauptkulturgüter ableiten. Aus den »Sissi«-Filmen. Sissi fährt ja auch die Donau hinunter und Maria Taferl winkt herunter. Und immer wieder sonnenüberglänzte Plätze vor Kirchen und Kathedralen. Das Volk jubelt. In Erinnerung kommt einem die Szene vor dem Markusdom. In »Sissi. Frauenjahre einer Kaiserin«. Die kleine Sophie läuft Romy Schneider in die Arme. Und alle freuen sich. Freudentränen der einfachen Frauen. Das Muttersein. Das verbindet sie mit der Kaiserin. Jedenfalls im Film. Der Himmel ist so himmelblau. Und Karl-Heinz Böhm ist auch so fesch. Ich denke, einer der verborgeneren Gründe, an die Macht zu wollen, ist die Erwartung, solche Szenen zu erleben. Solche Szenen. Das sind die 50er und die 60er Jahre und Hollywood und der Kalte Krieg. Die Prägungszeiten der Politikergeneration an der Macht.

Oder. Und lassen Sie mich da auf meinen derzeitigen Wohnort zurückkommen. Chicago. »Wien darf nicht Chicago werden.« Nehmen wir zum Beispiel diesen Satz unseres politischen Texts. Grammatikalisch wird hier das Modalverb »dürfen« im objektiven Gebrauch eingesetzt. Es wird eine Bedingung formuliert, die der Leser und die Leserin beim Lesen schon einmal nachsprechen muss. Das kann sich bei günstigen Voraussetzungen subliminal absetzen. Und. Die Voraussetzungen sind günstig. Wir sind nicht in Rede und Gegenrede geschult. Wir können auf keine kritische Texttradition zurückgreifen. Wir haben gelernt. Eigentlich. Dass unsere Verdammnis aus der Nichtbefolgung so formulierter Bedingungen entspringt. Du sollst nicht töten. Du darfst nicht lügen. Dann soll Wien auch nicht Chicago werden.

Auf der semantischen Ebene setzt sich die hier gemeinte Sinneinheit »Chicago« aus einer Unzahl von Assoziationen wie gangland, gangdom, massacre, mafia. Diese Assoziationen beziehen sich aber schon auf Konstruktionen dieser Phänomene in den Medien. Im Genre der »Pulp Fiction«, einer kleinformatigen Publikation, wurde diese Welt zum großen Teil hergestellt und erfolgreich verkauft. Filme, oft von denselben Autoren geschrieben, unterstützen diese crime saga. Im Fernsehen laufen wieder die alten James-Cagney-Streifen, und Neuauflagen des Kampfs von Polizei und Geheimdiensten gegen die Gangs halten den Mythos am Leben.

118

Natürlich hat es im Chicago der 20er Jahre nicht mehr oder weniger Verbrechen gegeben als anderswo in den U.S.A. Es waren die Berichte der Chicago Crime Commission, die die Aufmerksamkeit auf die Verbrechen in dieser Stadt lenkte.

Ich nehme an, dass Al Capone eine der Assoziationen ist, die zu dem Wahlplakatchicago geführt haben. Al Capone wurde von den Zeitungen damals zur Zelebrität gemacht. Er war ein Einwanderer, der es mit Hilfe seiner Fähigkeiten als skrupelloser Geschäftsmann zu Reichtum gebracht hatte. Er nutzte diesen Reichtum und wurde ein vorbildlicher Konsument. Al Capone war in fast allem angepasst. »Seine Garderobe ist voll der feinsten Anzüge, die nur durch ihre Qualität auffallen«, heißt es dann in den Gesellschaftsspalten der Zeit. Yacht und Anwesen in Miami. Theaterabonnement. Oper. Baseball. Boxen. Man riss sich um Einladungen in sein Haus. Capone fungiert als die verstörende Erfüllung des amerikanischen Traums. Als den Sieg des Unternehmers über die Konkurrenz und widrige Umstände. Dass die Konkurrenz durch Massaker ausgeschaltet wurde, machte die Sache nur interessanter. Crime pays. Auf jeden Fall für die, die davon berichten. Dazu gibt es Sentimentales. Capone hatte eine gute Presse, wenn er für die Spitalkosten einer Frau aufkommt, die in eine Schießerei seiner Gang geraten ist. Der Al Capone der Presse und der »Pulp Fiction« war eine Beschreibung der gesellschaftlichen Möglichkeiten in der neu entstandenen Großstadt der 20er Jahre mit moralischem Vorwand. Und das Produkt Capone oder Gangster verkaufte sich. Nicht zuletzt, weil es dem Mann eine Rolle zuteilte, die er gerade in der Berufswelt an die corporations verloren hatte. Männliche Durchsetzungsfähigkeit und Dominanz und ein treuer Ehemann. Das hatten kleinformatige Publikationen immer gern.

Das Wiener Wahlplakat meint diese Geschichte mit Nachtclubs und Casinos und schönen und verruchten Frauen. Und es meint die Schwarz-weiß-Filmszenen, die vor Jahren im Fernsehen liefen. Ein Biertransporter fährt bei Nacht und Nebel und Regen um eine Straßenecke. Die Gangster auf dem Biertransport beginnen gleichzeitig mit den Polizisten zu schießen. Das Maschinengewehr ist erfunden. Man kann im Fahren herumballern. Leichen fallen vom Biertransporter. Sterbende Polizisten wälzen sich auf der Straße. Und der Detektiv kehrt in das Polizeihauptquartier zurück. Er weist einen Bestechungsversuch trotz lächerlicher Bezahlung zurück. Er schwört, die Alkoholschmugglerbande endgültig auszurotten. Damit es eine weitere Folge der Serie geben kann. Dabei fallen ein paar rassistische Äußerungen. In diesen Produktionen sind es immer bestimmte Gruppen, die die Gangs formieren. Italiener und Iren in diesem Fall. »Wien darf nicht Chicago werden.« Was mit abgewertet wird auf dem Wahlplakat, ist das Bild des tapferen, zähen Einzelkämpfers, des Mannes alleine gegen die Übermacht. Also auch alles, was Haider sein will.

Wir haben nun keine Tradition des säkularen Texts, mit dem gegen die Verkündigung eines solchen politischen Textes Einspruch erhoben werden könnte. Einer Aufklärung etwa. Wir haben keine Tradition, aber sie wurde auch nicht unterbrochen. Und. Die Geschichte, wie aus einem politischen Text Wirklichkeit konstruiert wird, die ist in diesem Land bekannt. »Mein Kampf« ist ein nicht zu übersehendes Beispiel, wie ein mit dem Willen zur Macht verfasster quasi-wissenschaftlicher Verkündigungstext sich in der Wirklichkeit entwirft. Die Grundgrammatik dieser Textsorte wurde in unserer Kultur nie in Frage gestellt. Nie angezweifelt. Es gab gar keine Überlegungen dazu. Es gab kein Innehalten und ein Neu-Beginnen. Es wurde weitergemacht. Die einen machten von 1938 an weiter. Andere von 1934. Wieder andere von 1918 weg. Und andere hörten nie auf. Mit dem Weitermachen. Wenn es die Entwicklung von Gegenströmungen gegeben hat, dann darin. Gegenkultur in Österreich bedeutet Verstärkung rigider autoritärer Textformen. Natürlich mit Medienmarketing und Akzeptanzüberprüfung. An dieser Entwicklung ist die Logik von Dankgottesdiensten und von emotional aufgeladener Metaphorik abzulesen. Seltsam an diesem Geschichtsbild ist das vollkommene Fehlen ödipaler Gegen-

120

bewegungen. Die Väter wurden nicht viel gefragt. 68 entstanden ein paar Kommunen. Aber dann. Brave kleine Thronfolger schlüpften alle immer gleich in den Anzug. Nachfolge, wie es bei der Leitklasse, der Aristokratie, zu lernen ist.

Es gab immer wieder technische Anpassungen des politischen Texts, wie die Inkorporierung des Unterhaltungstexts zu Lasten des Verkündigungstexts. Die Ähnlichkeit der theatralischen Strukturen von Musikantenstadl und Bierzelt ist Absicht. Der Unterhaltungstext konstruiert Passivität im nostalgischen Verweis auf die einmal so gut oder schön gewesenen Zeiten. Im Musikantenstadl auf eine Zeit, in der alle außerhalb Wiens Trachten trugen und auch sonst alles in Ordnung war. Im Bierzelt. Als die Mander noch etwas zu sagen hatten. Und die Weiber wussten, wann sie »stad« (still) sein sollen.

In der Rückschau auf diese Zeiten, die es nie gegeben hat, können auch alle diese großen und edlen, aber auf jeden Fall überwältigenden Gefühle aufsteigen. Teilnahme wird über das Heben des Bierglases simuliert. Alles erklärende Conférenciers und Politiker erklären dann auch alles. Das wird ein Text über Wirklichkeit, als ob alles in Ordnung wäre. Und wirklich toll wird es dann, wenn gewitzelt wird. Da verschwimmen die Grenzen endgültig. In der Diffamierung der Schwiegermutter oder der Ausländer. Da sind sich alle schmunzelnd einig. Meistens auch die Schwiegermütter. Es wird schrecklich gelacht. Und. Die Geschichte der Ausgrenzung ist weitergeschrieben. Im Humor. Im Scherz und in der ach so witzigen Metapher. Da sind der Unterhaltungstext und der politische Text kongruent. Und. Bei Bedarf könnte das Grinsen in Empörung gekippt werden. Das bestimmen die Conférenciers. Die verwendeten Sinneinheiten der Konstruktion des Anderen, die Schwiegermutter oder der Andere, sie lassen beides zu.

Wie gesagt. Es gab immer wieder technische Angleichungen des politischen Texts an Anforderungen der Zeit. Wie eben an den Unterhaltungstext. Die Intention blieb Verkündigung. Kein Politiker, keine Politikerin könnte mit Unterhaltung zufrieden sein. Und es gab den endgültigen Wegfall der erlebbaren Wirklichkeit als Wirklichkeit, die den Behauptungscharakter des politischen Texts sichtbar machen könnte. Die politische Fiktion hat freie Bahn. Und wir leben in der Monokultur des kaiservaterlosen Kinds, das in zynischer Resignation von Nachahmung zu Nachahmung taumelt und in keiner Sicherheit findet. Vor allem keine Selbstsicherheit. Wenn die größte Erneuerung im politischen Text der Rückgriff auf die vorvorige Sprache ist. Eine Sprache, die schon einmal die Darstellung von Essenziellem behauptet hat und ja kein Problem hatte, tödliche Kategorien zu fantasieren. Der politische Text in unserer Kultur ist vertan. Das, was von manchen als Neuanfang begrüßt wurde, ist ein Altanfang.

Wie aber kann weitergeredet werden. Wie daraus gehandelt. Wie ist ein Verstummen zu verhindern im Fall zwischen alle Wirklichkeiten.

Es gibt keine andere Möglichkeit als Kunst. Kunsthandeln und Kunstreden. Kunsttexte, die auf nichts verweisen als auf ihre eigene Wirklichkeit. Die ihre eigene Wirklichkeit sind. Die nicht in wirkliche Wirklichkeit gezerrt werden können und dann da womöglich doch eine Wirkung. Kunsthandeln und Kunstreden in nachgewiesener Autorschaft. Jeder Text entzieht sich durch diese Autorschaft dem Willen zur Macht. Gibt in die Machtlosigkeit ein und ermöglicht sich darin. Warum den politischen Text nicht durch den Kunsttext ersetzen. Warum nicht die Unmöglichkeit des Ganzen zugeben und darin die eigene Wirkung begründen, Wirklichkeit erfahrbar zu machen. Das heilt nicht. Das rettet nicht. Das erhebt nicht. Aber es lügt nicht. Und es tut auch nicht weh. Und vielleicht wird das Sprechen dann schwieriger und müsste jedes Mal neu sein und könnte immer nur sich sagen. Aber vielleicht können wir dann beginnen, uns Vorstellungen über eine andere Sprache zu machen. Vielleicht können wir dann beginnen, eine Sprache zu entwerfen, die wir heute gerade nur in ihrer Nochnichtmöglichkeit ahnen können.

Kanonisches.

Totenkultmythen.

Die Beschäftigung mit dem Tod. Eine Besessenheit von allen Dingen des Sterbens. Ein Kult der Särge und der Gräber. Pferde mit Trauerschabracken und schwarzen Kokarden. Friedhöfe als Ausflugsziele. Sargfabriken als Veranstaltungsorte. Und der vorbeifahrende Leichenwagen bringt Glück. Wenn gerade eine Leiche transportiert wird.

Unbegreifliche Erfahrung wird unter der schematischen Anordnung des Mythos begraben. Das nicht Begreifbare. Die Lücke. Der Mythos füllt auf. Erklärt durch das Vorhandensein. Verdeckt. Wird die Lücke. Der säkulare Mythos vom todliebenden Wien. Dem Wiener. Der Wienerin. Das ist dann die besondere wienerische Version des Nichtbegreifens von Sterben. Ist die Abwehr auch nur der Beschäftigung mit diesem Nichtbegreifen. Die Leere des Nichtverstehenkönnens wird barock ausgeschlagen. Hier hätte man ein anderes Verhältnis zum Tod, heißt es. Und hat überhaupt keines.

Die Wiener Totenkultmythen. Die sind weitgehend importiert. Die entstanden bei der touristischen Neuentdeckung Wiens durch die Deutschen in den 70er Jahren. Bis zur ausführlichen Zeitgeistserie W. Schödls über das morbid makabre Wien in »Die Zeit« konnte man oder frau auf Wiener Friedhöfen spazieren gehen. Selbstverständlich und ungestört. Wie das in allen Großstädten der Welt möglich ist. Ungestört von Alternativtouristen, für die man seit dieser Serie und dem dazugehörigen Zeitgeisttourismus als »Wiener« oder »Wienerin« in Kaffeehäusern sitzt. Oder eben auf Friedhöfen spazieren geht. Wie so vieles in der Kultur, und überhaupt musste dieser Mythos aus Deutschland reimportiert werden, um in der Öffentlichkeit etwas zu gelten. Vorher war es die selbstverständliche Erbschaft der Gegenreformation und einer fehlenden bürgerlichen Revolution gewesen. Jedenfalls. Spätestens seit dem Beginn der 80er Jahre hält man oder frau in Wien sich für abwegig kompetent im Umgang mit dem Tod. Für liebevoll kitschig besessen von den Toten.

Der Mythos beschreibt einen nonchalanten Umgang mit Tod und den Toten. Als wäre die »sprezzata desinvoltura« von Urbino nach Wien gerettet. Und. Wie immer ist genau das, was so ein säkularer Mythos beschreibt, die Lüge. Eine Deckverbrämung. Hier eine touristische attraktive Fetischisierung, die Wien sich gerne selber glaubt. In aller Brutalität der Gläubigkeit.

Zuerst einmal beschreibt dieser Wiener Todesliebesmythos das Sterben als Voraussetzung für seine Erfüllung. Vollkommenes Einverständnis mit dem ohnehin unabwendbaren Sterben ist das. Personen müssen eben sterben. Sollen sterben. Keine Gegenwehr. Der Mythos kann dann besser leben. Mit Hilfe dieses affirmativ freundlichen Blicks auf den Tod werden Sterben und Sterbende voneinander getrennt. Die Bezeichnung wird den Bezeichneten entzogen. Das Unvermeidliche ist nicht persönlich. Dem Sterben kann so zugesehen werden. Der oder die Sterbende versinkt im Vergehen und ist als Person nur noch in diesem Versinken sichtbar. Die Todesschwestern von Lainz waren die Wahrheit im Umgang mit dem Tod. In Wien.

Im Wiener »Kurier« heißt es am 3. Oktober 1973, »Ingeborg Bachmanns Zustand soll sich seit Sonntag erheblich verschlechtert haben«. Der »Zustand« wird der Person vorgelagert. »Sie hat Verbrennungen erlitten.« In der Passivierung des Die-Verbrennung-Erleidens wird die verletzte Person doppelt zum Objekt der Verbrennungen. Und. Die brennende Zigarette im Bett beim Einschlafen. Dem »Kurier« ist sie Gewissheit. Die »Vorarlberger Nachrichten« vom 3. Oktober 1973 tun sich da objektiver. »Ingeborg Bachmann wurde schwer verletzt.« Das Werden-Passiv des transitiven Verbs »verletzen« lässt das Agens dieses Verletzens offen. Das Subjekt erleidet diese Verletzungen grammatikalisch nur einmal. Im ersten Satz der 26 Zeilen langen Meldung liegt die Verletzte im Krankenhaus. Sie ist zumindest auf der Grammatikebene Subjekt. Die brennende Zigarette ist hier nur »wahrscheinlich«. »Nach einem Bericht der Zeitung ›Il Messaggero‹ ist sie wahrscheinlich mit einer Zigarette zwischen den Fingern eingeschlafen.«

Das Innuendo vom Selbstmord. Bewusst oder unbewusst. Das wird in den »Vorarlberger Nachrichten« offen ausgesprochen. »Eine Kurzschlussreaktion wird im Freundeskreis nahezu ausgeschlossen, da das neue Buch von Ingeborg Bachmann gut angekommen sei.« Aber. In der Meldung der »Vorarlberger Nachrichten« wird schon die Verbindung von Leben und Werk hergestellt, aus der sich dieser Unfall erklären soll. Das Ende von »Malina« und der Unfall werden übereinander gelegt. Die »Vorarlberger Nachrichten«: »Ihr Letzter Roman ›Malina‹ ist eine Geschichte von Liebe und Tod, in der sich die weibliche Hauptperson selbst zerstört.«

Der unrichtig gelesene Text des Werks löst eine unzulässige Lesart des Unfalls aus. Im Roman einer Autorin reagiert die weibliche Hauptfigur auf die an ihr verübte Zerstörung. Das wird als Selbstzerstörung gelesen. Der Unfall der Autorin wird als logische Folge dieser Um-Schreibung des Texts der Autorin ins Leben zurückgeschrieben. Und das hat Logik. Das Sterben der Autorin. Sie ist selber schuld. Die Rückschreibung des Literarischen in biografische Daten stellt Aura her und verurteilt in dieser Aura die Autorin. Kann das in diesem Fall. Mit dem Sterben ist die Autorin endgültig in die Aura entrückt. Jedenfalls auf dem Weg dahin. Der todverliebte Blick wehrt ja ab. Und Neid. Das ist eine Eigenschaft, die sich immer zur Garnierung hergibt. In einer Kultur, in der Personen sich aufregen, dass der Holocaust alle Aufmerksamkeit von ihnen ablenkt. Eine Welt, in der der Satz fallen kann: »Aber. Immer geht es nur um die Juden. Wir haben doch auch gelebt. Damals.« In so einer Welt kann ein werkgerecht gedachtes Sterben im Kreativneid noch Schadenfreude zur Erscheinung bringen. »Das hat sie davon.« Und das sprachmagisch abergläubische »Hätte sie so etwas halt nicht geschrieben.«

Ich kann mich an diese Zeit erinnern. Von der Unfallmeldung bis zum Tod. Ich habe vor allem Radiomeldungen in Erinnerung. Immer die mitschwingende Frage des Selbstmords. Die unbewusste Absicht. Immer das Werk Zeuge des Lebens.

Der Tod Ingeborg Bachmanns war zu erwarten gewesen. Zu befürchten. Die Nachricht von diesem Tod war durch die steten Berichte über den Zustand der Kranken vorbereitet. In den österreichischen Zeitungen wurde die Krankheit nur im »Kurier« und in den »Vorarlberger Nachrichten« kommentiert. Alle anderen Berichte waren im Rundfunk und in den Fernsehnachrichten zu finden. Aber branchenintern musste man auch bei den Zeitungen vorbereitet gewesen sein. Die Nachrufe mussten längst »auf Halde« geschrieben gewesen sein.

Die Nachrufe in österreichischen Medien. In unserer Kultur. Die sind eines der Beweismittel gegen die oberflächliche Aussage der Totenliebe des Wienerischen. Anderswo. In den englischen Zeitungen. In den amerikanischen. In den italienischen. Da sind Nachrufe eine eigene Textgattung. Da wird die Bedeutung der verstorbenen Person nachgezeichnet. Das ist eine Bewertung, an der dann aber ein Wert der beschriebenen Person abzulesen ist. Die Person wird umfassend sichtbar gemacht. Öffentlich und privat gewinnt diese Person Gestalt. In den österreichischen Zeitungen. Und auch in den meisten deutschen. Da gibt es keine eigene Seite für solche Konturierung. Bei uns. Da muss jeder und jede in seinem Eckchen bleiben. Der Nachruf, so es überhaupt einen gibt, wird in die entsprechende Seite geklemmt. Wirtschaftsbosse auf der Wirtschaftsseite. Österreichische Politiker auf der Seite für Innenpolitik. Ausländische Politiker auf der Seite »Internationales«.

Ingeborg Bachmann muss in die Kulturseite eingepasst werden. Am 18. Oktober. Am Tag nach Ingeborg Bachmanns Tod. Da sangen Tebaldi und Corelli im Musikverein. Das Stuttgarter

Rundfunkorchester spielte das letzte Konzert des Grazer Musikprotokolls. Sehr laut taten sie das. Gene Krupa verstarb in New York. Alfred Hrdlicka und Anton Lehmden stellten Originalradierungen aus. Fischer-Dieskau gab sein Dirigierdebut. In Innsbruck. »Sehr unsicher. Sehr nervös. Sehr sympathisch.« Johannes Mario Simmel gibt bekannt, seine nächsten Bücher würden »durchlaufende Handlung« haben. Zum einfacheren Lesen. Und bei »weiblichen Leserinnen« liegt Unterhaltungslilteratur an erster Stelle. Dazwischen der Nachruf.

In der Logik der Wiener Todesmythologie ist die Autorin erlöst. »Vom Tod erlöst« (»Kurier«). »Geheimtip für Unvergeßlichkeit« (»Kleine Zeitung«). Und mit einem Zitat »Ich bedaure mich nicht mehr« (»Die Presse«) muss die Autorin als Kommentatorin zum eigenen Tod herhalten. »Ich bedaure mich nicht mehr« als große Überschrift. »Zum Tod der Dichterin Ingeborg Bachmann« der kleine Untertitel. Das gesagte »Ich« der Dichterin gibt Auskunft über den festgestellten Tod der Dichterin. Ichmich-nicht-mehr. Ein Indizienurteil wird der Autorin aus ihrem eigenen Text gedreht. Der Sinnlosigkeit eines Unfalls wird der Sinn der Sinnlosigkeit mit Hilfe dieses Zitats angemalt. Das Melodram vollständig so. Die Person wird im so sinnfällig gemachten Tod unsichtbar. Der Tod hat Sinn. So. Jetzt nur noch begraben. Und einmal mehr hat man sich der Beschäftigung mit dem Tod entzogen. Und Todesaura verliehen. Das entzückt die Lebenden und erspart Trauer. Trauerarbeit.

Ilse Leitenberger hilft uns im Nachruf in »Die Presse«, diese die Toten verschlingende Todesaura gründlich auszubreiten. »Ihr Sterben war schrecklich für alle, die sie kannten. Ob für sie selbst? Die Ärzte werden ihr jede nur mögliche Hilfe gegeben haben. Der Tod war – darf man es auszusprechen wagen – schon lange ihr Begleiter.«

In der »Kronenzeitung«: »Ihrem Sterben sah die Welt zu.« Und Berichte über Bluttransfusionen, für die »Angehörige eines römischen Priesterkollegs« (»Kurier«) Blut spendeten. Sogar Angehörige eines römischen Priesterkollegs. Und »Einfache Menschen hatten angeboten, ihre Haut für die an schweren Verbrennungen Leidende zu opfern« (»Südost Tagespost«). Es wird in allen Nachrufen das Sterben registriert. Nicht der Tod. Immer wieder die brennende Zigarette. Das brennende Nylonnachthemd. Die Flucht in die Badewanne. Der telefonische Hilferuf. Der Kampf der Ärzte. Verbrennungen dritten Grads führen zu Nierenversagen, lernen wir. Die Sterbende ist betäubt. Merkt nichts mehr. »Die Patientin hatte während ihres dreiwöchigen Todeskampfs nie mehr das volle Bewußtsein wiedererlangt« (»Kleine Zeitung«).

Die Nachrufe für Ingeborg Bachmann in den österreichischen Zeitungen sind etwa gleich lang. Mindestens ein Drittel dieser 100-Zeiler wird für die Beschreibung des Sterbens verwendet. Dann das Werk. Die Autorin.

»Ingeborg Bachmann arbeitete zuletzt an einem Fortsetzungsroman, der unter dem Titel ›Todesursachen‹ erscheinen soll. Die Hauptfigur ist Mann und Frau in einer Person. Die Frau zerstört sich selbst, der Mann überlebt als der Stärkere. Die Arbeit an diesem Buch hatte die Kräfte Ingeborg Bachmanns so beansprucht, daß sie vor ihrem Unfall kaum noch essen konnte, sie schluckte ständig Schlaftabletten und Medikamente« (»Kleine Zeitung«).

Diese Nachricht wird in »Kurier«, »Kleine Zeitung«, »Südost Tagespost«, den »Vorarlberger Nachrichten« und in der »Neuen Zeit« abgedruckt. Es gibt kleine Variationen. Im »Kurier« wird abgekürzt. »Zuletzt arbeitete sie so intensiv, daß sie kaum noch essen konnte, immer wieder Medikamente einnehmen mußte.« In der »Neuen Zeit« fallen die Appetitlosigkeit und die Schlaftabletten weg. Aber insgesamt ist dieser Absatz in allen Nachrufen zu finden. Nur »Die Presse« und die »Kronenzeitung« weichen ab. Immer ist dieser Absatz von der Erzählung des Sterbens eingeleitet. Das Blut. Die verbrannte Haut. Die in die Haut eingebrannten Fetzen des Nylonnachthemds. In allen Variationen dieser Nachricht. In der getreulichen Übernahme dieses Texts in die Nachrufe ist eine Agenturmeldung zu vermuten. Also einer von diesen Bausteinen, mit denen Schreiber sich über die Absätze und die Schwierigkeiten einer eigenen Aussage hinweghelfen. 14 Zeilen können mit dieser Meldung gefüllt werden. Aus vermutlich kundiger Quelle. Eine Gegenrecherche wird gar nicht angestellt. Und so kommt es, dass nur die »Kronenzeitung« es richtig hat. Richard Winger schreibt, »›Malina‹, ihr erster großer Roman, war als Ouvertüre gedacht zu einem Zyklus ›Todesarten‹.« Es war also bekannt. Man hätte es wissen können. Auch in Kulturredaktionen. Dass es nicht »Todesursachen« heißen sollte, denen die Frau zum Opfer fallen sollte, nachdem sie sich zerstört hatte. Und denen der Mann entkommt. Als der Stärkere. In diesen 14 Zeitungszeilen entkommt also der Mann den »Todesursachen« als der Stärkere. Und damit gleich dem Tod. Die Frau zerstört sich selbst. Sie ist damit die eigene Todesursache. Und es stirbt ja nur das Weibliche in der Hauptfigur, die Mann und Frau in einer Person ist. Der Mann überlebt. Als der Stärkere. Bleibt übrig. Die Geschlechterdifferenz ist ein Wettlauf in einer Person um die Geschlechtlichkeit dieser Person. Und der Stärkere gewinnt. So viel Überlebensauswahl muss sein.

Und der Stärkere gewinnt bis in das Leben der Autorin diesen Wettkampf. »… als der Stärkere.« »Die Arbeit an diesem Buch hatte die Kräfte Ingeborg Bachmanns so beansprucht …« Der Stärkere ringt auch noch die Kräfte der Autorin nieder. Die Arbeit an diesem Überleben »… als der Stärkere« und der Selbstzerstörung der Frau. Da überspielt die automatische Deckungsgleichheit von allem Weiblichen die Regeln der Grammatik. Da wird die Arbeit an diesem Buch zur Fortsetzung von »Die Frau zerstört sich selbst«. In der Logik der Hegemonialität des männlichen Stärkeren tut die Frau das selbst.

Die Frau. Subjekt. Zerstört. Prädikat. Sich. Reflexivpronomen Akkusativ. Selbst. Hervorhebung des Reflexiven. Der reflexive Gebrauch eines Verbs mit Akkusativobjekt wie »zerstören« ist ein Sonderfall der Transitivität. Es ist kein Passiv möglich. Die Selbstzerstörung erfolgt im Aktiv. Der Mann hat damit nichts zu tun. Er könnte nicht einmal der Täter sein. Nicht einmal grammatikalisch. Er ist nur der Stärkere. Die Stärkeren überleben. Der Darwinismus ist in die Grammatik verlegt. Muss nicht gesagt werden. Die Rassentheorie der Abqualifizierung des Weiblichen wird durch die Verbauswahl erledigt. Sie begründet sich aus der Struktur der Sätze. Ist formal begründet.

Die Frau zerstört sich selbst. Der Mann überlebt mit dem konstitutiven Attribut»... als der Stärkere«. Ein Attribut. Das ist eine Gegebenheit. Ein konstituierender Bestandteil des Nomensubjekts. Der Mann als der Stärkere. Im substantivierten Komparativ ist der Ausgang des Vergleichs festgeschrieben und muss gar nicht mehr gesagt werden. In der selbstverständlichen Automatik der Geschlechterdifferenz 1973. Dass die Frau die Schwächere ist, weil sie sich selbst zerstört. Dieser Schluss bleibt in der Subjektkongruenz. Die Frau und Ingeborg Bachmann werden in der Grammatik der Hegemonialität zu kongruenten Subjekten. »Als der Stärkere«. Das beansprucht dann die Kräfte Ingeborg Bachmanns so sehr, dass sie Medikamente schlucken muss.

Die Frau. Die tritt hier in der Benennung auf. Im Sonderfall des Vornamens. Die 3 Silben, die zuweisen. Die Selbstzerstörung greift die Kräfte an. Als die Schwächere kann die Frau kaum noch essen. Sie kann also ihre Schwäche nicht einmal nähren. »Sie schluckte ständig Schalftabletten und Medikamente.« Nichts essen. Aber Drogen. Die Drogenfaszination der 70er Jahre stülpt sich über die angegriffene Frau. Führt in eine tiefe Zufriedenheit mit dem Ausgang. Alles stimmt dann nämlich. Die grammatikalische Verortung der Frau lässt der Autorin keinen Platz in der Welt. Und dann isst sie nichts mehr und nimmt Drogen. Der Tod ist in diesem Absatz auf der grammatikalischen Ebene unvermeidlich. War unvermeidlich. Der Tod ist das Ergebnis des grammatikalischen Wegs. Richtig damit.

Die freundlicheren Schreiber der Nachrufe sehen dann im Tod eine Erlösung. Das qualvolle Sterben wird zur Passage in diese Erlösung. Die Fetzen des eingebrannten Nylonnachthemds. Sie sind Requisiten dieser sadistischen Grammatik, die

allen Vernichtungswillen auf die Geschlechterebene zurück-
stauen musste. Diese Grammatik macht aus den Opfern Täter
gegen sich selbst. Die Frau wird zur Arena des eigenen Opfer-
tods. In diesem Fall noch dazu eine Frau, die diesen Vorgang zu
benennen begonnen hatte. Aber. Die Grammatik der Nachrufe
ermächtigt das Opfer so weit, dass es dann selber schuld ist. Das
ist eine Abart der Ausgrenzung durch Benennung von Zugehörigkeiten 30 Jahre zuvor. Die Sätze in den Nachrufen wissen aber
noch davon. Von damals. Die Schreiber in der Übernahme. Die
agieren auf einer Ebene hilfloser Emotionalität. Erschütterung.
Mittels dieser Erschütterung wird die Sterbende von ihrem Tod
getrennt. Bleibt die Sterbende, der zugesehen wird. »Ihrem Sterben sah die Welt zu« (»Kronenzeitung«). In dieses Sterben verstrickt, das sich aus dem Werk erklärt. Aus der Unternehmung
einer Frau, dem täglichen Sterben der Frau Sprache zu finden.
Da wird der Tod der richtigere Zustand. Der Zustand, der sich
immer schon vorbereitet hatte und für den das Wienerische so
eine großzügige Hand hat.

1973 war der Mythos von der Begabung der Wiener Kultur
für das Sterben noch auf die Eigenschau beschränkt. War da
noch Unterscheidung und Abgrenzung gegen das protestantisch
Deutsche. Verdeckend war dieser Mythos wirksam. Ob vornehm
teilnehmend oder mutig aussprechend. Ingeborg Bachmann
wird in den Nachrufen als Tote infolge der Anstrengung ihrer
Arbeit als Autorin zum Tod verurteilt. In den Nachrufen ist dieses Todesurteil in der Grammatik eines von allen übernomme-
nen Textbausteins ausgesprochen. Der Tod als Folge des Werks
spricht dem Leben das Recht ab. Ja. Die Lebensberechtigung ist
so in Frage gestellt. Wenn der Tod so zwingend aus dem Werk
abgeleitet werden konnte.

Und über allen Nachrufen. In allen Zeitungen. Das Bild. Über
dem Text. Das Aussehen der Frau über ihrer Erscheinung in
Sprache. Lächelnd. Schön. Eine dicke Goldkette zum Knoten ge-
schlungen um den Hals. Nur in »Die Presse« ein Brustbild der
Autorin. Ingeborg Bachmann steht und lächelt einen Mann

rechts von sich an. In allen anderen Zeitungen ist ihr der Strick gedreht. Schmückend. In Form einer Goldkette. Die Frau. Zerstört. Sich. Selbst.

P.S. Der Maler Anselm Kiefer sagt 2002, er führe einen ununterbrochenen Dialog mit Ingeborg Bachmann. Mit der Toten.

Männer. Träume. Schäume.

»Siehst du wohl, Bambi,« sprach der Alte weiter, »Siehst du
nun, daß Er daliegt, wie einer von uns? Höre, Bambi, Er ist
nicht allmächtig, wie sie sagen. Er ist es nicht, von dem alles
kommt, was da wächst und lebt, Er ist nicht über uns!
Neben uns ist Er und ist wie wir selber, und Er kennt wie wir
die Angst, die Not und das Leid. Er kann überwältigt werden
gleich uns, und dann liegt Er hilflos am Boden, so wie wir
anderen, so wie du Ihn jetzt vor dir siehst.«
Eine Stille war.
»Verstehst du mich, Bambi?« fragte der Alte.
Bambi erwiderte flüsternd: »Ich glaube ...«
Der Alte gebot: »So sprich!«
Bambi erglühte und sprach bebend: »Ein anderer ist über
uns allen ... über uns und über Ihm.«
»Dann kann ich gehen,« sagte der Alte.
(Felix Salten: *Bambi*. Berlin, Wien, Leipzig 1928)

Einmal mehr wurde geweint. An dieser Stelle. Das Kinderherz
wusste, was der Alte mit »gehen« meinte. Das Kinderherz wusste, dass Bambi von nun an allein sein würde. Allein leben würde
müssen. Bambi musste ja dem Vater nachfolgen. Und der alte
Fürst des Waldes sagte es auch. »In der Stunde, der ich jetzt ent-
gegengehe, sind wir ein jeder allein. Lebewohl, mein Sohn ... ich
habe dich sehr geliebt.« Und gleich wieder dieses Gefühl um die
Kehle. Dieser dumpfe Druck auf den Hals. Nicht einmal mehr
weinen. Nur noch ahnen. In diesen Gefühlen, auf den Text rea-

gierend, alle Ahnungen. Über Leben und Sterben. Und wie das sein würde. Und dass das ein anderer Gott war als der in der Kirche, der über dem Wald da ist. Ein Gefühl von Eingeweihtsein. Ahnungsvolle Erhobenheit als Erwartung an die Welt. Und selbstverständlich identifizierte ich mich nicht mit Faline. Der gleichaltrigen Cousine Bambis. Die war nur eine Kinderliebe. Knapp vor der oben zitierten Szene über dem toten Wilderer war Faline noch vorgeführt worden. Alt, grau und versorgt schleicht sie herum. Spätestens an dieser Stelle hatte ich sie verlassen. Fallen gelassen. Und mit Bambi die Welt übernommen. Den Wald halt. Und der Autor entlässt den Leser und die Leserin mit einem Einblick in das Leben des neuen Fürsten des Waldes. Bambi trifft 2 Rehkitze.

Dort standen zwei Junge beisammen in roten Röckchen,
Bruder und Schwester, alleingelassen und verzagt.
»Mutter! ... Mutter! ...«
Noch ehe sie recht wußten, was geschah, stand Bambi vor ihnen.
Sprachlos starrten sie ihn an.
»Eure Mutter hat jetzt keine Zeit,« sagte Bambi streng.
Er blickte dem Kleinen in die Augen: »Kannst du nicht allein sein?«
Der Kleine und seine Schwester blieben stumm.
Bambi wandte sich ab, schlüpfte in den nächsten Busch und verschwand, noch ehe sich die beiden besinnen konnten. Er ging weiter. »Der Junge gefällt mir ...« dachte er. »Vielleicht treffe ich ihn wieder, wenn er größer ist ...«
Er ging weiter. »Die Kleine,« dachte er, »auch die Kleine ist nett ... so hat Faline ausgesehen, als sie noch ein Kind war.«
Er ging weiter und verschwand im Walde.

Mit diesem Abschluss bestätigte mich der Autor in der Wahl meiner Identitätsfigur. Als Bambi hatte ich Bewegungsfreiheit. Lebensraum. Schon in der Form ist auch der Kleine der Genannte und die Schwester die von ihm abgeleitete. Und in der Andeutung der verschiedenen Interessen an den beiden. Das männliche Kind interessiert ihn, und er will es wiedersehen. Das weibliche Kind muss erst so werden wie Faline. Dann aber darf es sich in eine zu vermutende lange Kette von Falinen einordnen. In eine lange Liebe Bambis zu immer neuen Falinen, deutet sich an. Damit könnten wir gleich bei einer Uschi-Glas-Diskussion angelangt sein. Ich werde das nicht weiter ausführen. Aber das medial verbreitete Unverständnis eines Herrn Wussow, warum Frauen nicht verstehen wollen, dass eine gleichaltrige Partnerin ab einem gewissen Alter eben einfach nicht möglich sei. Dass es eine Jüngere sein müsse. Dieses rührend hegemoniale Verhalten eines alten Mannes. Das kann sich an solchen Texte lernen. Unwissentlich bleibt das. Wie alle derartigen Prägungen. Und bleibt im Einklang einer sich selbst nicht bewussten Kultur. »Bambi.« höre ich ausrufen. »So ein unschuldiges Kinderbuch.«

Was aber hatte ich mit Bambi gelernt. Bis Bambi und damit mir der Wald gehörte. Nun. Wir waren territorial geworden. Der Wald war Lebensraum. Angestammter Lebensraum, in den der Mensch einbricht. Zerstört und tötet. Wir waren fremdenfeindlich. Wir hatten den Menschen als die Konstruktion des aggressiv feindlichen Anderen fürchten gelernt. Wir waren sippentreu und gegen jede Verbrüderung mit diesem Anderen gefeit. Cousin Gobo starb schließlich zu unserer Lehre im Gewehrfeuer seines menschlichen Ziehvaters. Deswegen waren wir für rassische Reinheit. Vermischung oder Verschmelzung mit dem Anderen. Das war ausgeschlossen. Und zwar nicht, weil wir das nicht konnten. Oder wollten. Nein. Wir wären ja allen anderen gegenüber freundlich und offen gewesen. Wie das in unserem Waldparadies doch immer der Fall gewesen war. Unser Wald, der war ein großer freundlicher strenger Organismus. Das war ein Vor-sich-hin-Weben. Ein friedliches Streben. Die anderen brachen den Frieden und waren nicht sippentreu. Gobo flüstert noch den Verrat. »Er hat mich nicht erkannt.« Und vom eigenen, menschlichen Ziehvater gefällt, muss Gobo sein Leben verhauchen. Gobo, der vom alten Fürsten als der Unglückliche markiert wurde, weil er vom Menschen angekränkelt war. Und der Hund des Menschen wird Überläufer benannt. Und als Knecht und Unterworfener geächtet und gerichtet. Und. Bambi und ich. Wir waren verwundet gewesen. Wir waren im Krieg mit dem Menschen gewesen und hatten eine Schusswunde überlebt. Gerettet vom Vater.

Er war gerettet. Doch er verließ die Grube noch nicht, ging des Nachts bloß ein wenig umher und blieb den Tag über still in seinem Bett. Jetzt erst, da sein Körper keine Schmerzen mehr fühlte, erlebte Bambi alles, was geschehen war, in Gedanken noch einmal, und ein großes Erschrecken wachte in ihm auf, eine tiefe Erschütterung ging durch sein Gemüt. Er konnte das nicht von sich abstreifen, konnte noch nicht aufstehen und umherlaufen wie sonst. Er lag da und war erregt, war abwechselnd entsetzt, beschämt, erstaunt, gerührt, war bald voll Wehmut, bald wieder voll Glück. Der Alte blieb immer bei ihm. Anfangs war er Tag und Nacht an Bambis Seite gewesen. Jetzt ließ er ihn zuweilen allein, besonders wenn er merkte, daß Bambi in Grübelei verfiel. Doch er hielt sich beständig ganz in der Nähe. Ein Abend kam, nach Blitz und Donner und Gewitterregen, mit reingefegtem blauem Himmel, den die untergehende Sonne überstrahlte. Auf den Baumwipfeln ringsum sangen laut die Amseln, die Finken schlugen, im Gebüsch wisperten die Meisen, im Grase und unter den Sträuchern am Boden klang das metallisch geborstene Krähen der Fasanen in kurzen Rufen, der Specht lachte helljauchzend auf und die Tauben gurrten mit innigem Liebesverlangen. Bambi trat aus seiner Grube hervor. Das Leben war schön. Der Alte stand da, als habe er gewartet. Sie gingen schlendernd miteinander. Über den Graben jedoch, zu den anderen, kehrte Bambi nicht mehr zurück.

In dieser zweiten Geburtsszene wird Bambi endgültig zum Mann. In dieser zweiten Geburt wird er vom Vater in die Welt zurückgeführt. Er wird der Vater/Sohn-Gemeinschaft verpflichtet. Kehrt zu den anderen nicht mehr zurück. Die Männergemeinschaft wird die Lebensgrundlage. Die Frauen versinken auf der anderen Seite des Grabens. Faline wird nur noch einmal alt und grau und müde am Rand einer Lichtung gesehen. Weit weg ist sie nur noch Erinnerung an die schöne Kinderzeit. Ein goldenes Zeitalter, auf das Nostalgisches bezogen werden kann. Bambi und ich verharren im Gebüsch. Und wir laufen nicht mehr zu ihr. Um zu plaudern. Nein. Wir sind jetzt einer höheren Macht verpflichtet. Einem Etwas. Einem Ewigen. Ein Gefühl großer Wehmut und Liebe erfüllt uns und hindert uns zugleich, zu Faline zu gehen und mit ihr zu reden. Eines dieser großen Hinwendungsgefühle ist das, das jede Hinwendung dann praktisch überflüssig macht. Für die Person, die davon erfüllt ist.

Drüben ging jetzt Faline, das Haupt zu Boden gesenkt, davon, langsam, müde und traurig. Bambi liebte sie in diesem Augenblick mit hinströmender zärtlicher Wehmut, wollte durch den Graben, der ihn nun schon so lange von ihr und den anderen trennte, hinüber, wollte sie einholen, sie anreden und mit ihr von der Jugend sprechen, von allem, was gewesen.
Dabei sah er ihr nach, wie sie durch die kahlen Sträucher fortging und endlich verschwand.

Wir haben also gelernt, uns einem Gefühl des Großen, Mächtigen, Ewigen hinzugeben. Dieses Gefühl in uns zu tragen und gleichzeitig über sich zu wissen. Das war ein bisschen wie in der Kirche. Aber dann eben doch nicht. Das war auch keine Gegenwelt. Im Jahr 1957 oder 58 war das eine Parallelwelt. Im Lesen schloss sich diese Gefühlswelt um einen und ermächtigte einen, bis Seite 210 Bambi zu sein. Wann immer man beschloss, dieses Buch aufzuschlagen, war diese Fluchtwelt da. Eine Fluchtwelt gegen unfreundliche Umgebungen. Und so wie Bambi gab es viele Bücher in dieser schwammigen Sprache, die so bedeutungsschwanger auf einen hereinbrach. Literarische Konstruktionen metaphorischer Welten. Vorbereitungen für eine politische Auffüllung im Erlernen dieser faschistischen Gefühlswelt. Mit Bambi allein wäre ich ja mit allen Vorstellungsstrategien eines faschistischen Bewusstseins ausgestattet gewesen. Antisemitismus fehlte. Aber die Feindlichkeit dem Anderen gegenüber war ja vorbereitet. Die Form nur noch zu füllen. 1957 oder 58 konnte das folgenlos bleiben.

»Bambi. Eine Lebensgeschichte aus dem Walde« erschien 1926. Das Buch stand zu Hause. Im Bücherschrank. Ein Kinderbuch. Niemand wäre auch nur im entferntesten auf die Idee gekommen, dieses oder andere Bücher kritisch anzusehen. Das geschah weiter mit allem, was nur irgendwie nach links aussah. Intellektuell. Und damit jüdisch konnotiert, angefeindet wurde. Automatisch. In einem automatischen Gestus, der sicherlich auch keine Änderung seit 1926 erfahren hatte. Der sich durch die Endlösung sanfter geben konnte. Es gab ja keine Juden. Ich lernte die erste jüdische Person mit 16 Jahren kennen.

Die Geschichte mit der Geschichte in Österreich. Mir stellte sich die Geschichte als ein unausweichlich sich dahinwälzender Strom dar. Da war nichts zu bewegen. Und im Nachhinein schon gar nicht. Was kommen wird, das wird gewesen sein. Katholischer Determinismus und bürgerliche Prüderie und der Freispruch Österreichs im Opfer. Ich hatte nie das Gefühl von Brüchen in der Geschichte. Mir wurde eine Kette von Unausweichlichkeiten vermittelt, die bruchlos ineinander flossen und die immer Schicksal waren. Die faschistische Geschichtssicht wurde zur Aufhebung von Schuld und Unschuld in einem Volksschicksal wirksam. Und das ist ja wohl auch die Wirkung der österreichischen Geschichtslosigkeit im Umgang mit der eigenen Vergangenheit. Die Denkmethoden des Faschismus werden zu seiner Erklärung herangezogen. Weiterhin. Die Selbstbefragung ist so nicht möglich. Im autoritär-faschistischen Denken kann ja nicht einmal eine Teilschuld eingestanden werden. Ein Geständnis müsste zu sofortiger Verurteilung führen. Das Selbsteingestehen zu einer Selbstvernichtung. Eine autoritär denken müssende Person muss sich vom Entwerfen eines Eigenen fern halten. Sie könnte ja als Verführter nicht einmal eine Verführung zugeben. Die Schmach des Selbstverlustes wäre unerträglich. Deshalb die Wand der Verdrängung. Deshalb immer die Anordnung Replik – Replik und nicht Rede – Gegenrede. Ein gehörtes Argument könnte in die Tiefe stoßen und die Selbstvernichtung nötig machen. Jedes Argument, dem Wirkung zugestanden werden müsste, kann jene Leerstelle im autoritär-faschistischen Denken treffen. Jenen Hohlraum, in dem die andere Seite der Antagonismen aufbewahrt wird. Einem selbst unbekannt. Und die Überflutungsängste. Die müssen immer in Schach gehalten werden. In den Personen selbst verläuft der Graben, über den sie nicht mehr zu den anderen gelangen können. Nicht mehr dürfen. Nie mehr.

Und dieses Gebot scheint mir am wirksamsten weiterzuarbeiten. Scheint mir intakt und weitwirkend. In der österreichischen Spielart des Nationalsozialismus. Und es scheint mir die breiteste Wirkung weiterhin zu entfalten.

Die anderen. Als die Juden ausgemacht. Damals. Das war vorhanden. Das war vorbereitet. Das ging ja auch ganz selbstverständlich. Dann. Das wurde auch nicht geändert. Nachher. Und in der daraus herrührenden Verweigerung der Rückholung der Vertriebenen. Oder wenigstens einer Aufnahme derer, die zurückkamen. In dieser Verweigerung sehe ich den Nachweis der Schuld einer Gesellschaft. Kein Druck lastete mehr auf den Menschen. Keine Diktatur verhinderte persönlichen Einspruch oder Äußerung. Die Ausgrenzung wurde einfach weitergeführt. Die Endlösung so affirmierend in die Geschichte aufgenommen. Nach 1945. Ein schlechtes Gewissen kommt noch dazu. Eine Verstocktheit, die man früher dem Gegner vorwarf, verhilft zu einer trotzigen Verweigerung des Themas. Ja. Verhilft zu einer vorwurfsgeladenen Haltung. Die Opfer müssen mit Denunziation rechnen, weil sie Opfer sind. Der letzthin von Rudolf Burger im »Standard« geäußerte Wunsch auf einen Abschluss der Debatte. Auf einen Einschluss in hermetischer Geschichtlichkeit. Der gehört ebenso hier her.

Mit »Bambi« haben wir den Leittyp »nationalsozialistischer Held« schon weitgehend herstellen können. Territorial. Sippentreu. Rassisch rein. Männerbündlerisch. Frauen verachtend. Durch Kriegserfahrung geprägt.

Die Freiwilligen des Regiments List hatten vielleicht nicht recht kämpfen gelernt, allein zu sterben wußten sie wie alte Soldaten.

Das war der Beginn.

So ging es nun weiter Jahr für Jahr; an die Stelle der Schlachtenromantik aber war das Grauen getreten. Die Begeisterung kühlte allmählich ab, und der überschwengliche Jubel wurde erstickt von der Todesangst. Es kam die Zeit, da jeder zu ringen hatte zwischen dem Trieb der Selbsterhaltung und dem Mahnen der Pflicht. Auch mir blieb dieser Kampf nicht erspart. Immer, wenn der Tod auf Jagd war, versuchte ein unbestimmtes Etwas zu revoltieren, war bemüht, sich als Vernunft dem schwachen Körper vorzustellen, und war aber doch nur die Feigheit, die unter solchen Verkleidungen den einzelnen zu umstricken versuchte. Ein schweres Ziehen und Warnen hub dann an, und nur der letzte Rest des Gewissens gab oft noch den Ausschlag. Je mehr sich aber diese Stimme, die zur Vorsicht mahnte, mühte, je lauter und eindringlicher sie lockte, um so schärfer ward dann der Widerstand, bis endlich nach langem inneren Streite das Pflichtbewußtsein den Sieg davontrug. Schon im Winter 1915/16 war bei mir dieser Kampf entschieden. Der Wille war endlich restlos Herr geworden. Konnte ich die ersten Tage mit Jubel und Lachen mitstürmen, so war ich jetzt ruhig und entschlossen. Dieses aber war das Dauerhafteste. Nun erst konnte das Schicksal zu den letzten Proben schreiten, ohne daß die Nerven rissen oder der Verstand versagt.

Aus dem jungen Kriegsfreiwilligen war ein alter Soldat geworden.
(Adolf Hitler: *Mein Kampf.* München 1938)

Zu Beginn der zwanziger Jahre galt das Männerideal der Kaiserzeit als derart abgewirtschaftet, daß sich die Vertreter des Geschlechts nur noch in der selbstironisch-larmoyanten Distanz der Verlierer wahrzunehmen vermochten. Die inflationäre Reden über die »männliche Impotenz«, auf die an dieser Stelle nur verwiesen werden kann, begleitete als schrille Dissonanz den ohnehin aus dem Takt geratenen Geschlechterakkord. Dabei streckten die Impotenzphantasmen metaphorisch das Feld der umfassenden Selbsterledigung des (klein)-bürgerlichen Mannes ab: politisch als Ausgelieferter der Siegermächte; ökonomisch als in der Inflation vernichtete Existenz; sexuell paralysiert durch die unhintergehbare weibliche Emanzipation. Die Angst bildet nicht nur den trüben Bodensatz der Affektlage der »deutschen Männer«, sondern sie verbindet die männliche Kriegsgeneration insgesamt.
(Ulrike Baureithel: *Masken der Virilität.* In: *Die Philosophin. Forum für feministische Theorie und Philosophie.* Tübingen 1993)

Was uns bei »Bambi« fehlen muss. Aber das ist ja auch nur eine Übung in Unbewusstsein. Was fehlen muss, das ist das Deutsch-Sein. Der alte Fürst und Bambi sind aber überlegen dargestellt. In der Tierhierarchie überlegen. Der Rehbock ist ein arisches Tier. Der Rehbock ist deutschig genug.

Nach allem, was ich aus Wirklichkeit und Wissenschaft weiß, fiel den Österreichern das Deutsch-Werden nicht schwer. An manchen Stellen ist durchaus eine Eilfertigkeit zu erkennen. Ja, geradezu eine erwartungsvolle Selbstverständlichkeit. Was auf die gute Vorbereitung schließen lässt. Und geschadet hat es auch nicht. Betrachtet man oder frau diese vielen ungebrochenen Karrieren. Von 1938 an.

Gestern. Beim Schreiben. Es ist Sonntagnachmittag. Sie kennen das. Man oder frau steht vom Schreibtisch auf. Geht zum Fernsehapparat. Dreht auf. In der Hoffnung, irgendetwas dringend Spannendes hält einen vom Weiterschreiben ab. Ich drehe also auf. Ernst Grissemann sitzt auf einer Sofalehne. Er hat die Arme vor der Brust verschränkt. Er hätte gedacht, eine Stunde lang über Frauen zu berichten. Das müsse langweilig werden. Eine Stunde über Diät, Kosmetik, Mode und Problemzonen. Aber. Er habe sich getäuscht. Gott sei Dank, sagt er. Und dreht die Augen gen Himmel.

Wieder diese blühende männliche Hegemonialität. Lebenslängliches Berichten über Männer. Das ist selbstverständlich. Eine Stunde über Frauen. Da bekommt er Sorge, die Zeit nicht füllen zu können. Interessant füllen zu können. Weil Diät, Kosmetik, Mode und Problemzonen von ihm a priori für uninteressant erklärt werden. Weil er Frauen auf diese Themen des Aussehens reduziert und ihnen dann vorwirft, darauf reduziert zu sein. Diese Form der Argumentation haben wir schon bei der Haltung gegenüber den Opfern vorgefunden. Die strukturell verankerte Denunziation der Opfer. Die Moderatorenkollegin von Ernst Grissemann wendet nichts ein. Diese paternalistische Art zu reden. Das ist so selbstverständlich. Und diese Art hat viele Wurzeln. Eine davon. Und wiederum eine kaum je besprochene ist die Konstruktion Nazi-Held. Nazi-Männlichkeit als Leitkonstruktion. Für die die Beschreibung des Weiblichen die Negativfolie abgeben muss. Für die Nazimännlichkeit bedeuten Juden, Homosexualität und vor allem Frauen die Gefahr der Verweichlichung. Der Mann muss sich entgeschlechtlichen. Der Mann muss das austreiben, was ihn als gefährliches Anderes bedroht. Der Mann bleibt der Mann, indem er Mann nicht mehr ist. Dieser Nicht-Mann-Mann bestätigt sich im Vermassungsakt seines Mann-Seins. Er geht in der Männermasse auf.

Ob als Kommandant im faschistischen Männeraufmarsch oder als Komanditist im neusachlichen Betrieb der Zerstreuung: Für eine kurze Zeitspanne liefert diese auf das Prinzip »Sachlichkeit« reduzierte Figur des »deutschen Mannes« den Kristallisationspunkt der Hoffnung, mann könne sich von sich selbst entledigen und im Akt der Inkorporation das »männliche Prinzip«, unabhängig von seinen real gedemütigten und zugerichteten Trägern, zu neuer Auferstehung verhelfen.
(Ulrike Baureithel: *Masken der Virilität*)

Und. Der Männlichkeit steht in ihrer Hegemonialität ein geniales Mittel zu ihrer ewigen Verlängerung zu Verfügung.

Der Vorrang des Männlichen drängt sich – vermittels des Systems konstitutiver Schemata des Habitus – nahezu unausweichlich auf als Matrix aller Wahrnehmungen, Gedanken und Handlungen sämtlicher Mitglieder der Gesellschaft und als unangefochtenes, weil außerhalb der Bewußtwerdung und der Überprüfung gelegenes Fundament einer androzentrischen Vorstellung von der biologischen und der sozialen Reproduktion.
(Pierre Bourdieu: *Die männliche Herrschaft*. In: *Ein alltägliches Spiel. Geschlechterkonstruktion in der sozialen Praxis*. Hg. v. Irene Dölling. Frankfurt am Main 1997)

Das bedeutet, dass kein Argument der Männlichkeit nicht Männlichkeit produziert. Und. Dass keines der Argumente verloren geht. Dass die Konzepte im Unbewussten weiterwirken.

Der Naziheld wurde also in der Propaganda konturiert. Aus den Grundlagen aus »Bambi« werden Männer, die zu den marschierenden Pulks der Reichsparteitage und der Olympiade verschweißt werden. Die Bilder davon werden angesehen, ohne die Opfer mitzudenken. Weiterhin. Der Einfluss der Propaganda in der Unterhaltungs- und Werbeindustrie reicht bis heute. Im opferverleugnenden Blick konnte sich diese Ästhetik wieder etablieren.

Gerade war ich wieder vor dem Fernsehapparat. Nachrichten. »Zeit im Bild«. In den Seitenblicken sagt der Autor und Regisseur Gerhard Tötschinger, dass er nie mit Puppen gespielt habe. Er sei ja kein Mädel, sagt er empört. »Ich bin ja nicht verrückt«, ruft er aus. Und auch er verschränkt in Abwehr die Arme vor der Brust.

Was konnte nun das Ergebnis des Lesens von »Bambi« für ein Mädchen haben. Wie schon beschrieben. Bambi war die Identifikationsfigur. Faline war viel zu ängstlich. Und dann ja auch gleich alt. Als Bambi konnte ich alle Sinneinheiten mit erwerben, die diese Vorstufe zum faschistischen Helden herstellten. Die schrittweise Ermächtigung und Einordnung mit sich brachten. Und. Ich konnte mit Bambi um die Gunst des Vaters werben. Als wildes kleines Mädchen Bubenstreiche liefern. Und darin viel wilder und tollkühner als die Brüder sein. Folgerichtig war ich auch dauernd verletzt. Aber auch dafür gab es ja vorgezeichnete Lesarten. Ich hatte immer irgendeinen Gips und trug den wie eine Auszeichnung. Einen Orden.

In diesem androgynen kleinen Mädchen finde ich eine Parallele zur »autonomen Heldin« des Frauenromans der Nazizeit.

»Als Mädchen ist der beliebteste Frauentypus burschikos, sportlich, selbständig und unkonventionell, dazu arbeitsam und erdverbunden.« (Godele von der Decken: *Emanzipation auf Abwegen*. Frankfurt am Main 1988)

Die Autorin Godele von der Decken hat 56 Romane von Frauen der Nazizeit untersucht und diesen Haupttypus herausgefunden. Ich habe also »Bambi« richtig weitergelesen. Habe den Text offenkundig in seiner eigenen Logik richtig interpretiert und mit der weiblichen Lesart des Nazihelden reagiert. Natürlich wurden die angerissenen Sinneinheiten nicht weiter emotional aufgeladen. Gab es keine Außenwelt, die Antwort auf diese Aufladungen geben hätte können. Mich bestürzt es aber schon, wieder einmal und einmal mehr feststellen zu müssen, wie sehr im Einklang mit der Autorintention meine Reaktionen auf diese früh gelesenen Texte liegen. Um wie viel mehr musste in der Zeit darauf reagiert worden sein. Und wie viel Information liegt in den Tiefenschichten der Texte verborgen. Wie viel davon wird eingesenkt, ohne dass Gegenwehr möglich ist. Und wie sehr ist dieses Ergebnis der Analyse von Nazifrauenliteratur von dem oberflächlichen Bild davon entfernt. Die Stereotype war für mich das blonde Greterl und die Gebärkuh.

Mann und Frau existieren in getrennten Lebensbereichen, zwischen denen Vermittlung kaum möglich ist, ja, die oft grundsätzlich antagonistisch beschrieben werden.
Erotik wird tabuisiert [...] Die Frauen übernehmen aber jetzt bewußt die Rolle, als das Geschlecht kat exochen auf-zutreten, und leiten daraus eine subjektiv empfundene Machtposition ab; auch wenn es ihnen nicht möglich ist, gesellschaftliche Prozesse direkt zu beeinflussen, so garantie-ren doch nur sie den Fortbestand der Gesellschaft.
(Godele von der Decken: *Emanzipation auf Abwegen*)

Im Muttersein wird der Frau die gesellschaftserhaltende Funk-tion zugewiesen. Sichtbar bleibt aber der Mann. Der Held. Wäh-rend die Mutter mit dem glücklichen Heim jene zweite Welt schafft, die dem Mann ermöglicht, in der ersten zu funktionie-ren. Sie herzustellen.

Es waren die glücklichsten Tage, die mir nahezu als ein schöner Traum erschienen; und ein Traum sollte es ja auch nur sein. Zwei Jahre später machte der Tod der Mutter all den schönen Plänen ein jähes Ende.
Es war der Abschluß einer langen, schmerzhaften Krankheit, die von Anfang an wenig Aussicht auf Genesung ließ.
Dennoch traf besonders mich der Schlag entsetzlich. Ich

hatte den Vater verehrt, die Mutter jedoch geliebt.
(Adolf Hitler: *Mein Kampf*)

Der Tod der Mutter beendet den Traum. Die schönste Zeit. Stößt Hitler in die Welt hinaus. Nach Wien zuerst.

Bambi läuft hinter seiner Mutter durch den Wald und lernt alle Techniken, da zu überleben. Die Einweisung vom Vater in die Nachfolge wird dann aber erst wichtig sein. Für Bambi. Und Hitler will dem Vater nacheifern und »etwas werden in der Welt«. Er will nur nicht Beamter werden wie er. Aber. Die Männer müssen in das Leben. Müssen in den Krieg. Die Macht der Frauen liegt im Zu-Hause-Bleiben. Liegt im Überleben und darin, dass sie immer neue Söhne gebären können. Der Mann, der der Frau kein Partner sein kann. Weil er den anderen Männern zugehört. Von diesem Mann wird nur noch der Samen gebraucht. Der Mann muss aber ohnehin in den Krieg ziehen. Die Frauen bleiben im Privaten. Sie verwirklichen sich in ihren Söhnen, die für sie handeln müssen. Die Frauen verschwinden. Werden hinter den Söhnen unsichtbar.

Auslöschung ist das. Auflösung.

Mann und Frau existieren getrennt. Die Frauen vereinzelt. Die Männer im Bund. Die Männer versichern sich in dieser Formation der Weltherrschaft, die ihnen einzeln nicht mehr gelingen mag. Heute nicht einmal mehr im Privaten. In »Plattform« von Michel Houellebecq schließen die Männer sich dann nur noch zum Bund der Puffgeher zusammen. Aber im Bewusstsein der gemeinsamen Benutzung der prostituierten asiatischen Frauen gelingt es ihnen immer wieder kurz, »die Herren der Welt« zu sein. Diese Männer weisen den prostituierten Frauen im Gespräch über sie Eigenschaften zu, wie die von geachteten Kampfgegnern. Der thailändische Massagesalon wird zum Ort männlicher Bewährung und Dominanz. An der Figur des René wird eine Einführung und Bekehrung zu dieser Form von Männerbund vorgeführt. Folgerichtig muss René zahlen. Er muss sterben. Im Attentat der muslimischen Terroristen verliert er die Beine. Die

Wunden werden gangränös. Der Autor kann auf die koloniale Kriegsvergangenheit Frankreichs zurückgreifen. René kommt im Konflikt Okzident gegen Orient um. In einem Krieg.

Ich denke, dass die Faszination des Texts für Männer wie Frauen in diesem subliminalen Angebot liegt. Dass tief liegende faschistische Prägungen einen Text entlang sich erfrischen können. Kurz eine wohlige Möglichkeit der Mitautorschaft an diesem Text zustande kommen kann. Das ist nicht verwunderlich. »Bambi« und all die anderen Texte wurden gelesen. Werden gelesen. Sie sind kaum analysiert worden. Jedenfalls nicht im Rahmen einer öffentlichen Kultur. Und ganz sicher nicht in Österreich.

Wenn ich an den Jubel bei der Premiere der Operette »Der fidele Bauer« in der Volksoper vor ein paar Jahren denke. Und wie da das gesamte Premierenösterreich gelacht hat. Über die rassistisch-sexistischen Witzchen. Da wundert nichts mehr. Im Gegenteil. Ein unausgesprochener Pakt auf Erhaltung dieser Sinneinheiten muss angenommen werden. Ich tue das. Jedenfalls.

Österreich. Es gibt natürlich keine österreichische Naziästhetik. Die ist ja dann deutsch. Hätte die Nazizeit mit der Benennung »Österreich« stattgefunden, die Verbindung in der Geschichte müsste eingestanden werden. Unter der Benennung »deutsch« und »3. Reich« hat Geschichte in einer anderen Lade stattgefunden. Waldheim war deutscher Offizier. Diese deutsche Zeit. Der kann man oder frau sich selbst entziehen. Die kann vollkommen richtig ettikiert an jeder Analyse vorbeigeschwindelt werden. Als wären es andere gewesen, weil anders benannt.

In allen Gesprächen über die Zeit des 3. Reichs habe ich nie Nichtopfer gefunden. Keine Frau. Keinen Mann. Die über diese Zeit nicht indikativisch reden mussten. Nie fiel der Konjunktiv, was hätte. Was hätte können. Was hätte müssen. Offenkundig war es möglich gewesen, den Indikativ zu etablieren. Wir müssen. Wir werden. Wir tun. Und damit sind wir in der Gegenwart angelangt.

Indikativische metaphorische Rede in der kompromisslosen Anordnung Replik – Replik. Das ist die Erbschaft der faschistischen und der nationalsozialistischen Zeiten. Ein Text, der mit dem Indikativ eine glatte strukturkonservative Oberfläche bereithält. Und eine metaphorische Tiefenschicht, in der die verwendeten Bilder und Begriffe die verborgen angelegten Fantasien moblisieren. Und »Bambi«. Das habe nicht nur ich gelesen. Oder Karl May. Und Computerspiele und japanische Comics führen die Tradition weiter. Wir sind alle Schläfer des autoritären Patriarchats.

Ein erster Schritt, hier aufzuwachen und diesem Zugriff eine Ebene zu entziehen, wäre, diese selbstverständliche männliche Hegemonialität in Frage zu stellen. In ihr findet sich die Grundkonstruktion eines Anderen aufbewahrt. Eine Dekonstruktion täglich. Wenigstens. Und ein Konjunktiv. Und die Nachwirkungen blieben nicht verdeckt wirksam. Sie kämen ans Licht.

Doderer lesen.

Das erste Mal begegnete ich den »Merowingern oder Die totale Familie« Mitte der 70er Jahre. Damals legte ich das Buch weg. Ich war eingesponnen in die Arbeit an meiner Dissertation. Über die revolutionären Aspekte des russischen Dramas des 19. Jahrhunderts. Ich war mit dem Entwurf einer strukturalistischen Dramentheorie beschäftigt, um diese revolutionären Aspekte freilegen zu können. Erinnern wir uns. Es ging damals um die immer noch notwendige Befreiung der Geisteswissenschaften aus dem Einfluss der Lebensphilosophien. Aus dem Geraune biografischer Methoden und dem Eintrag von ideologischen Meinungen. Ich nahm damals Nachhilfestunden in Quantentheorie, um Textstrukturen mit den Mitteln naturwissenschaftlicher Strukturbeschreibungen erfassbar zu machen. Wirkungsästhetik und erste Repräsentationskritik spielten eine Rolle. Ich war mit Überwindung beschäftigt. Ich war in die Arbeit der Überwindung eines Österreichisch-Seins verstrickt, das einen in die ungehobene Geschichte dieses Landes zurückzubinden drohte. Das Aufsagen aller Vereinbarungen war für eine solche Überwindung notwendig. Ein Autor der 50er und 60er Jahre gehörte da in jene Landschaft, die zu verlassen überlebensnotwendig schien. Es war eine Zeit, in der die Texte von Frauen ihren Anspruch auf Literaturhaftigkeit anmeldeten. Und. Erinnern wir uns. Dieser Anspruch wurde heftig belächelt. Polemisch vom auraverliebten Feuilleton. Mit Verschweigen vom akademischen Literaturbetrieb. Seminararbeiten über weibliche Aspekte eines Werks mussten in ihrer Berechtigung argumentiert werden. Unmut darüber wurde mit der Frage nach dem Sinn solcher Umständlichkeiten formuliert. Die Frau. Das Weibliche. Das war doch ohnehin da. Und. Wie das in der österreichischen Verfassung heute noch steht. Überall da, wo die männliche Bezeichnung verwendet wird, ist auch das Weibliche gemeint. Das Erstaunen über die Anmeldung eines eigenen Ausdrucks wurde einmal herablassend ausgedrückt. Ein anderes Mal wütend und ungeduldig. Wie gesagt. Doderer schien mit ein Teil eines Gestern, das nicht für mich gelten konnte. Die Literarisierung nonchalanter Verachtung schien mir passé. Ich legte das Buch weg. Es gab Wichtigeres. Und es gab immer diesen Wust aus Vergangenheit, demgegenüber Misstrauen sich immer als richtig herausgestellt hatte.

Gelesen habe ich die »Merowinger« dann 1986. Im Sommer. Am Altausseer See. Diese Zeit war ein Herbst. In meinem Leben. Ich war in privaten Sorgen untergegangen. Meine Generation hatte es nicht geschafft, die Landschaft zu verändern. Ich hatte feststellen müssen, dass durch Verlassen der Landschaft die Landschaft nicht verändert wird. Die Yuppies waren aufgetaucht und hatten alle Uhren wieder auf Kapital umgestellt. Die Ablösung des Geldes von der Golddeckung war ihnen Voraussetzung. Für uns war es Grund zu Protest gewesen. Wir waren dem Geld gegenüber widerspenstig. Den Yuppies war das Geld Medium. Ja, Religion. Neokonservativismus war plötzlich da. Erst eine Gegenbewegung gegen den Überschwang sozial bezogener Gegenwartsdeutung und der daraus entstehenden Anspruchshaltung. Dann im Verein mit dem Aufblühen der Kapitalmärkte das Transportmittel der Globalisierung. Dann in wechselseitigem Verstärken von Geldtheorie und Geldpraxis das Kippen ins Neoliberale. Und. In der Postmoderne als Stillösung dieser Entwicklung der Entzug der Orientierungskategorien. In den 10 Jahren seit der Mitte der 70er Jahre. Ich hatte da 10 Jahre lang meine persönliche Gottlosigkeit meinen Kindern gegenüber argumentieren müssen. In einer katholisch klerikalen Welt, die intimisierend aggressiv wegen solch ketzerischer Anleitung zur Häresie sich gegen eine solche Mutter stellt. Ich war müde.

Ich hatte den Schock einer Enttäuschung zu überwinden. Thomas Bernhard, der der arrogant patriarchalen Enttäuschung an der Welt Stimme gab, zog ohne weiteres im Burgtheater ein. Ging mit Peymann an die Burg. Die Söhne hatten lange genug geraunzt. Die Väter waren gewichen. Oder waren nie da gewesen, wie bei Bernhard. Und im Namen des Großvaters lässt es sich leicht rächen. Ich war schockiert. Zu oft hatte ich den Tiraden gegen die Welt der Macht zugehört. Gegen die Welt der Mächtigen. Zu oft hatte Thomas Bernhard sein Gift ausgegossen. Über die Burg. Über Österreich. Ich hatte übersehen, dass die Tiraden gegen just meine Welt der 70er Jahre gehalten worden waren. Gegen den Sozialstaat. Ich hatte meine klar begründete Ablehnung der Texte des Autors Thomas Bernhard nicht auf die Person Thomas Bernhard übertragen. Wie gesagt. Ich war Strukturalistin. Ich kritisierte textimmanent. Der Person glaubte ich trotzdem. Wollte ihr glauben. Verfiel dem auratischen Reden. Bei Nudelsuppe. Oder selbst gemachten Brandteigkrapferln. Thomas Bernhard war Establishment geworden. Ich hatte meine erste Veröffentlichung. Ich tat damals das, was die Thomas-Bernhard-Figuren immer tun wollten. Sollten. Mussten. Ich hielt mich nun meinerseits an die Großväter. Ich las die »Merowinger«. Mit Genuss.

Was war nun dieser spezifisch Doder'sche Genuss an diesem Text. Und warum ließ sich dieser Genuss schon beim ersten Satz des Texts heute nicht mehr wiederholen. Ja, im Gegenteil. Ein Widerwille stellte sich ein. Ein Widerstand.

1986 war das erste Jahr des Niedergangs jenes Denkens, das ich mir akademisch und charakterlich erobert hatte. Ich war zur Poststrukturalistin geworden. Und. Ich hatte den Kampf um eine Deutung des Jetzt und meines Jetzt in literarischen Texten aufgenommen. Leidenschaftlich. 1986 fand das in dieser ersten Veröffentlichung seinen Ausdruck. Just in dem Augenblick, in dem Jörg Haider in einem Putsch die Freiheitliche Partei übernahm und eine Bedeutungslandschaft wieder beschwor, von der ich sicher gewesen war. Vollkommen sicher. Dass auch nur die

Wiedererwähnung schon nicht möglich sein konnte. Mit dem Hinaustreten in die Welt in Form der Veröffentlichung war mir gleichzeitig meine Machtlosigkeit vorgeführt. Die Veröffentlichung führte diese Machtlosigkeit erst vor. Bis dahin konnte ich mir alles Mögliche einreden, welche Wirkungen möglich waren und in welchem Akkord ein solches literarisches Sagen stattfinden hätte sollen. In dieser Situation waren die Entlastungsanleitungen verführerisch, die dieser Text anbietet. Mit der kleinen Stärkung, die die winzige öffentliche Anerkennung mit sich brachte. Gerade mit dieser kleinen Stärkung war es produktiv, dem Doctor Döblinger zu folgen und dem männlichen Rasen Childerichs III. bis in den tatsächlichen Verlust dieser Männlichkeit nachzugehen. In der Logik der Canetti'schen Stacheltheorie sah ich mich bekräftigt genug, nun meinerseits Stachel zu verpassen. Als literarische Konfiguration meinen Weltekel auszuleben. Meinen Wienekel. In der nun endgültigen Erkenntnis und mittels der Bernhard'schen Formulierungen über die allergrößte geistige Verkommenheit in diesem Wien und in der Erkenntnis, so rasch dieser Welt nicht entkommen zu können. In dieser Enge ergab sich ein bitteres Vergnügen an der Vorstellung am arbiträren Verdreschen als Vollzug physiognomischer Blitzurteile. Die Vorstellung, durch die Weingärten in Sievering zu wandern und jeden Unbeliebigen zu plombieren, ergab diese bittere Überlegenheit, aus der dann allerhand andere Überheblichkeiten entstehen können. Keine einem selber dienlich oder nütze. Reine Entlastung. Reine Verführung. Und letzten Endes reine Unterhaltung.

Als ich nun das Buch öffnete, um dieser Verführung auf die Spur zu kommen. Da hatte ich etwas Kompliziertes in Erinnerung. Etwas fein Gesponnenes, dem zu verfallen aufgrund der Kunstfertigkeit der Verführung geradezu notwendig erschien. Aber es gibt nichts fein Gesponnenes. Alles steht da. In einfachen Appellen an den Leser und die Leserin, über Sentenzen wie Kalendersprüche, erfolgt der Einstieg in die Mitdenkwelt mit der Doppelfigur allwissender Autor und Doctor Döblinger.

»Aber es kann keiner genug haben. Das ist's ja. Die Übel ziehen sich erst zäh und tranig hin, das Gute kommt doch oft rasch heran. Frechheit, Gier und Übermut sind seine Folgen, während man vordem, im Höllenrachen [...] Solche, auch von dem Doctor Döblinger einst gehegte gute Vorsätze waren restlos vergessen.«

Im Nachlesen des Satzes »Aber es kann keiner genug haben.« entsteht eine dialogische Affirmation des Lesers als allwissender Autor. Ja, nickt der Leser. Durch die Ausdeutung der komplizierten Genealogie an den allwissenden Erzähler gebunden. Was anderes als Glaube, dass die Autorfigur das alles sicher handhaben kann, lässt sich beim Lesen entwickeln. Und erst recht, wenn einer das nachrechnet. Jede Verwandschaftsvolte ist genau berechnet. Jedes Zitat. Jedes Fremdwort. Jede Fremdworterfindung. Immer zeigt sich die Autorfigur als Herr der Bedeutungen und ihrer Zusammensetzung. Im Komplizierten hat die Autorfigur ihre Kompetenz nachgewiesen. So ein einfacher Satz wie »Aber es kann keiner genug haben.«. Der kann gar nicht mehr wahrgenommen werden. Der Leser ist da schon so trainiert, auf dynastische Fallstricke oder feudal hierarchische Fremdheiten zu achten. Ja. Sie aufzuspüren und der Autorfigur quasi zu apportieren. Diese einfachen Kalenderweisheiten schieben sich da ins suchende Weiterlesen. Ja. Diese Sätze ermöglichen ein Sich-neben-die-Autorfigur-Stellen des Lesers. Als könnte man mit der Autorfigur sich an einer Bassena treffen und auf diese profund welterfassende Weise sich miteinander unterhalten. Verständigen. Die Autorfigur erlaubt eine Nähe, die der gesamte auktoriale Entwurf sonst verbietet. Der Leser – und hier ist nur ein Leser intendiert. Zu häufig sind die Verbrüderungen in der abwertenden Beschreibung von Frauen. Frauen sind vor allem unangenehme Geruchsempfindungen zugeordnet. Säuerliche, bleiche, widerwärtig schwülstige Gerüche sind das. Der Leserin bleibt nichts anderes übrig, als sich aus diesem Frauenbild flüchtend in den ihr antrainierten Lesemann zu schlüpfen und als solcher diese üblen Gerüche als übel wahrzunehmen. – Der Leser wird an der Weltmeinung der Autorfigur beteiligt und damit verführt, sich in allem anderen der Meinung des Texts anzuschließen. Und Texte haben Meinungen. Und diese Meinungen haben politische Richtungen. In diesem Fall. Und ganz absichtlich ist diese Meinung eine Abgrenzung von Minderwertigkeiten in anderen Personen. Es zeigt eine geradezu fröhliche Ungebrochenheit der Verwendung der Methode einer Gesichtsdiagnostik, die sich durchaus einer Stürmersprache bedient. »Es gibt Leute, die wie krumme Nägel im Fleische des Lebens stecken«; und in einer Wendung in ein »Wir« der Autorfigur und des Lesers wird das Reißen dieser Nägel angegangen: »Gegen Sachverhalte gibt's keine Argumente, sondern nur Maßnahmen.« Dezisionismus im Kleinen ist das. Kriegserklärungen an den Alltag. Hier. Kriegserklärungen an eine Umgebung, in der geschwommen wird. Es sind schwimmende Bewegungen aller Figuren. Nur die Feudalen haben entschiedene Wünsche. Allen anderen stößt etwas zu bei ihrem Lebensschwimmen.

Nun könnte man sagen, dass in solchem Kleinterrorismus eben eine Entlastungsvorstellung enthalten ist. Entlastung, die in einer Welt wie Wien eben notwendig ist. Wie anders als grantig ist in einer solchen Auftürmung von Gemeinheiten zu überleben.

Das wäre möglich, wenn diese in die Komplizenschaften mit diesem Dezisionismus führenden Kalendersätze nicht wären. Wenn sich die Autorfigur nicht in steter Veränderung maskieren würde. Und wenn nicht dieses Zusammenstehen bei der Bassena der Autorfigur mit dem Leser mit einer Fensterschau hinaus auf die niedrige Plebs verbunden wäre. Die Selbstausgrenzung der Autorfigur und des Lesers erfolgt über die Beschreibung der eigenen Schwächen und durchaus schmählichen Bedürfnisse. Aber das ist Verbrüderung in geschwächter, schwacher, ja immer gefährdeter Männlichkeit. Das ist die Geschichte der Erfrischung von Männlichkeit über den gefährdeten Helden. Das ist die Geschichte der Verlierer des Ersten Weltkriegs. Nur in der brüderlichen Verbindung der Verwundeten lässt sich Männlichkeit mehr denken. Die daraus erwachsende Hegemonialität kann aber abstrakter gefasst werden. Alles, was die Verwundung oder Hinfälligkeit dieser Männlichkeit beschreibt, steht dann auch als Ausdruck zur Verfügung. Der verprügelte Doctor Döblinger wird durch die Verprügelung nur noch mehr zum Mann. Das Prinzip der männlichen Ehre ist in diesem Text aufgespalten und gilt nur für die feudalen Männer. Die zwar entmannt am Portwein nippen, aber dafür die Stätte ihrer Niederlage nie wieder betreten. Ihre Männlichkeit oder Nicht-Männlichkeit ist mit dem Prinzip Ehre verbunden. Ihre Ehre kann genommen werden und zieht einen territorialen Verlust nach sich. Die feudalen Männer müssen ja nach dem Verlust ihrer Zeugungsfähigkeit weiterleben. Kein heldischer Schluss steht für sie bereit. Ihr zwar gemütliches Leben, aber eben doch das Leben nach dem Abstieg. Nach dem Verlust. Ganz schlimm geht es nicht aus. Aber. Nachdem Childerich III. als totaler Mann abtreten musste. Nachdem er von allen Beziehungsmöglichkeiten von Männlichkeit Gebrauch gemacht hatte. Und diese Männlichkeit lässt sich nur anhand von Weiblichkeit beschreiben. Heirat, Zeugung oder Annahme an Kindes statt, also bürokratische Zeugung. In jedem Fall muss eine Frau beteiligt werden. Der sexuelle Nachbesitz der Frauen des eigenen Vaters und Großvaters, der zum eigenen Vater und Sohn der eigenen Frau machen soll. Alle diese sozialen Bewegungen sind ein Rückgriff auf die urpatriarchale Form des Einsatzes des Frauenkörpers als sprachbildendes Tauschobjekt. Alle die von Childerich III. angestrebten Verwandtschaftsbezeichnungen werden erst nach Vollzug der Verbindung. Also erst nach Vollzug der Penetration gültig. Das gesamte familiale Benennungssystem tritt erst nach fleischlichem oder bürokratischem Vollzug der Vereinigung mit den entsprechenden Frauen in Kraft. Im Fall Childerichs III. jeweils in der Nachfolge eines Vorgängers. Eine Art homosexueller Quasi-Inzest wird da inszeniert. Und. Er kann sein eigener Vater zwar nur werden, weil er schon einen Vater hatte. Er löscht die Vaterschaft seines Vaters mit der Penetration der Stiefmutter aus und siegt ödipal in diesem ohnehin unsauberen Verwandtschaftsorganigramm auf bürokratischer Ebene. Aber. Nachdem Childerich III. nun als totaler Mann abtreten musste. Keine Wutkette in professoraler Umgebung steht ihm in diesem Abstieg mehr zu. Die Autorfigur versorgt diesen auch als entmannten Mann noch mit Männlichkeit. Er bekommt die Frau Eygener zu seiner Entlastung. Der Leser wird aus dem Text entlassen im sicheren Wissen, dass für die Hauptfigur gesorgt ist. Wie sich das gehört. Der Zwerg Wänzrödl macht den Herrn Eygener zum Watschenzuhälter seiner eigenen Frau. Herr Eygener bekommt 20 Prozent des Lohns. Dafür, dass Frau Eygener sich von Childerich III. einmal monatlich schlagen lässt, kassiert ihr Mann 20 Prozent und der Haussegen hängt wieder gerade. Und. Die Watschen Childerichs III. machen Frau Eygener jünger. Hübscher. Frischer. Und so haben wir das ja ohnehin immer schon gesehen. Watschen sind gesund. Und den Frauen tut das eigentlich gut.«Aber mit solchem Geversel des Runden zahlenden Herrn Eygener kann eine Biographie wie diejenige Childerichs III. nicht geschlossen werden. Hier muß denn zuletzt ein eherner Ton her. Ihn haben uns zum Glücke die Römer mit ihrer Sprache hinterlassen. So weihen wir denn eine Inschrift.«

In diesem wieder den Leser einschließenden Ton des Wir wird die Weltbeschreibung auf diese lallenden allgemeinen Kalendersätze reduziert. Noch einmal abschließend die Zustimmung des Stammtisches, des Kaffeehaustisches eingeholt, jenes unwissentlich männliche Einverständnis angenommen, das in einem männereinschließenden Wir eines solchen Stammtisches enthalten ist. Jedenfalls diese Reduktion möglich ist. Das Mitlesen dieses Einverständnisses ist subliminal hier angelegt. Dass dann ein lateinischer Text folgt, erlaubt auch dem gebildeten Mann die Wohltat des Sich-in-diesem-Einverständnis-Suhlens. Es steht ja nicht da. Es ist in die Tiefenstrukturen des Gesamttexts eingelassen. Offen so. Also weit weniger raffiniert, wie das dann bei Thomas Bernhard der Fall ist. Doderer lesen bedeutet für mich jedenfalls, der ungebrochenen Linie der spezifisch österreichi-

schen Form eines individualisierten und in Weltbeleidigung ka-
schierten Faschismus zu begegnen. Ausgedrückt wird das in einer verbrüdernden Einbeziehung des Lesers in den gesunden
Menschenverstand und dessen Metaphernwelt. »Es gibt Leute,
die wie krumme Nägel im Fleisch des Lebens stecken.«

Texte.

Verstehen. Nicht Verstehen.

29. Kapitel.

VATER Hast du das verstanden.

Die Tochter schweigt.

VATER Ich möchte, dass du das verstehst.

Die Tochter schweigt. Der Vater steht. Er hat die Hände auf dem
Rücken zusammengelegt. Er schaut auf den Boden.

VATER Es ist wichtig, dass du das verstehst.

Die Tochter schweigt. Sie sieht den Vater an. Sie kann den Vater
aber nicht genau sehen. Nur verschwommen. Sie weint nicht.
Sie weint nicht richtig. Die Gefühle sind mehr in der Kehle zu
spüren. Ballen sich da gegen den Rachen. Hinten. Brennend.
Trocken brennend. Und die Augen feucht. Nass. Und das Sehen
vor- und zurückgleitend. Gebrochen durch die unten am Lid ge-
stauten Tränen.

Der Vater dreht sich weg. Er steht mit dem Rücken zu ihr. Sieht
beim Fenster hinaus.

VATER Du wirst das schon verstehen. Du wirst das noch
   verstehen. Du wirst das schon noch verstehen.
   Irgendwann wirst du das verstehen. Müssen.

Der Vater bleibt stehen. Die Tochter geht. Wenn der Vater aus
dem Fenster sieht. Bei solchen Szenen. Wenn er den Blick von

163

einem genommen hat. Dann kann man gehen. Dann ist es besser zu gehen. Der Vater muss sich sonst einem wieder zuwenden. Er muss sich der noch dastehenden Person zuwenden und alle Sätze wiederholen. Und er muss dann zu schreien beginnen. Weil die Fassung dann nicht bewahrt werden kann. Und geweint wird. Und der Vater das nicht ertragen kann. Und dann schreien muss. Der Vater muss sich dann aufregen, und dann muss die Mutter sich aufregen, dass der Vater sich aufgeregt hat. Die Tochter geht. Sie kann schnell gehen. Sie kennt den Weg aus dem Salon in den Gang. Sie weiß die Höhe der Türklinke. Sie weiß die Richtung, in die die Tür aufgeht. Sie weiß, wie die Tür leise zu schließen geht. Die Tränen vor dem Blick machen nichts aus. Sie geht schnell.

29. Kapitel.

Die Orgeltöne füllten den Platz am hinteren Kircheneingang. Melodien. Läufe. Variationen davon. Die Töne quollen aus der Kirche auf den Platz heraus. Die Besucher der 9-Uhr-Messe kamen von diesen Tönen umgeben auf den Platz. Gingen in diesem Strom von Musik. Drängten sich heraus. Sie stand auf der rechten Seite. Gleich neben dem untersten Heiligen in Stein am Fuß des gotischen Torbogens. Sie lehnte gegen den Sockel des Steinbogens. Wäre gerne auf diesen Sockel gestiegen. Aus der Höhe hätte sie besser gesehen. Wenn sie sich getraut hätte, auf diesen Sockel zu steigen und sich an dem Steinbogen festzuhalten, dann hätte sie sich nicht so recken müssen, den Walter Knauer nicht zu versäumen. Sie hüpfte in die Höhe. Hüpfte von einem Bein auf das andere. Die Füße waren kalt. Sie hatte die dünnen Schuhe an. Sie hatte schon die dünnen Pumps an. Es war trocken. Der wenige Schnee vom Vortag verweht. Nur im dichten Gestrüpp der Sträucher rund um die Kirche dünne weiße Flächen. Und unter den Autos auf dem Parkplatz. Der Wind reichte in den Kircheneingang. Sie schob sich weiter in die

Kirche. Gegen die hinausdrängenden Kirchenbesucher um den Torbogen in die Kirche. Lehnte gegen das Holztor. Streckte sich, so groß wie möglich zu werden. Sie war kalt. Alles in ihr war kalt. Alles war falsch. Alles. Im Augenblick war wieder alles falsch so, wie es war. Und es gab nur die zwei Möglichkeiten. Das tun, was der Vater verlangte. Oder gar nichts. Wenn der Vater nicht wollte, dass sie mit dem Nicki Oberländer den Ball eröffnete. Und sie verstand nicht, warum sie das nicht sollte. Der Vater hatte das Verbot in dem Ton ausgesprochen. In dem Ton, der keine Frage mehr erlaubte. Der Ton, in dem der Vater etwas wusste, nach dem aber nicht gefragt werden konnte. Der Ton, der immer auch annahm, sie wüsste, worum es sich handelte, und sie immer so tun musste, als wäre das so. Als wäre es möglich, in ein Einverständnis mit ihr zu gelangen. Als wüsste sie das alles, was dieser Ton vermutete. Irgendwie verstünde sie, warum sie mit dem Nicki Oberländer nicht auf den Ball gehen dürfe. Wegen seines Onkels. Als verstünde sie, warum man mit dem Neffen eines solchen Onkels die Quadrille nicht tanzen könne. Und es war auch klar, dass in dem Ton des Vaters eine Selbstverständlichkeit eines solchen Einverständnisses eingeschlossen war. Es ging nicht. Man machte das nicht. Und wenn der Walter Knauer jetzt nicht in der 9-Uhr-Messe gewesen war. Wenn das nun der erste Sonntag in Jahren war, an dem er zu Hause geblieben war. Oder weggefahren. Oder überhaupt nicht mehr in Baden war. Wenn nun sein Vater versetzt worden war und die ganze Familie weggezogen. Dann war alles aus. Dann war es auch zu spät. Dann war sie ein Versager. Sie war dann nicht in der Lage gewesen, einen Ersatz für den Nicki Oberländer zu finden. Dann konnte sie nicht zur Probe gehen. Jetzt. Dann musste sie dem Tanzmeister sagen, dass sie keinen Partner hatte. Dann kam die Aufstellung durcheinander. Die Vierereinteilung für die Eröffnungsquadrille war immer so geprobt worden. Und es gab außer der Probe um halb 11 jetzt nur noch die Generalprobe am Donnerstag. Und wenn alles durcheinander kam, dann war das ihre Schuld. Es war nicht nur ihr erster Ball. Und der Walter Knauer war nicht zu sehen.

Und er wäre zu sehen gewesen. Er war groß. Er war größer als der Nicki. Und er sah gut aus. Er würde im Smoking gut genug aussehen. Und es war ja wegen seines Vaters. Gegen den Sohn eines Majors konnte der Vater nichts einwenden. Und er hatte keine Freundin. Er war manchmal mit der Brigitte Hausladen weggegangen. Von der Tanzstunde. Aber das war nichts. Das sah jedenfalls nach nichts aus. Und er konnte es nicht ablehnen. Er war nicht im Eröffnungskomitee. Er musste das tun. Er musste als Ersatzmann einspringen. Der Nicki hatte sie nur angesehen. Daran konnte sie jetzt nicht denken. Es war schrecklich. Er war weggegangen. Sie hatte 15-mal gesagt, sie verstünde es nicht. Dieses Verbot. Und sie hatte es ja auch nicht verstanden. Und was sollte sie tun. Zu Hause bleiben und die ganze Stadt wissen lassen, dass ihr Vater ihr verboten hatte, den Ball zu eröffnen. Und was für Geschichten das wieder sein würden. Es würde wieder heißen, sie erwarte ein Kind. Das hieß es die ganze Zeit. Es würde heißen, sie erwarte ein Baby und könne deswegen nicht den Ball eröffnen. Und sie war dann nicht auf dem Ball gewesen. Sie war nicht auf ihrem ersten Ball gewesen. Das Kleid würde zurückgegeben werden. Das weiße Seidensatinkleid mit den aufgestickten Blumen aus Strass würde an Hansi Moden zurückgegeben werden. 20% des Kaufpreises würden abgezogen werden. Sie hätte das Kleid nie angehabt und es hätte doch etwas gekostet. Die Mutter war sehr zornig gewesen. Wozu sei man denn dann Stammkundin, wenn solche Probleme nicht amicabel gelöst werden könnten. Das dichteste Gedränge aus der Kirche heraus war vorbei. In kleinen Gruppen. Familien. Freunde. Freundinnen. Sie redeten noch in der Kirche miteinander. Machten sich aus, wo sie hingehen wollten. Nach der Kirche. Ob ins »Café Central« oder in die »Lore« oder zum »Widhalm«. Sie lachten. Noch in der Kirche. Wann war die Kirche zu Ende. Sollte man nicht warten. Mit dem Lachen. Bis man draußen war. Die Kirche wirklich verlassen hatte. Und er war nicht da. Der Walter Knauer war nicht in der Kirche gewesen. Sie würde nicht zum Ball gehen. Sie konnte gleich im Erdboden versinken.

Erstarren. Zu Stein. Eine Statue werden. Auf diesem Torbogen. Eine der Statuen oben. Knapp bevor sich der Bogen zur Spitze schloss, lagen die Statuen in den Steinbogen eingeschlossen. Die Hände gefaltet, schwammen sie den Bogen herunter. Oder stiegen auf. Sie ging. Sie ging langsam. Drehte sich um und reihte sich ein. Trödelte hinaus. Mit den Letzten. Die Orgel noch einmal laut aufbrausend. Sie ging. Von den Tönen umwirbelt. Es war alles aus. Alles. Sie wusste nicht, was nun geschehen sollte. Sie wusste nicht, wie sie da hingeraten war. An diese Kirchentür. Es war alles klar gewesen. Kalt und schwer. Sie fühlte sich schwer. Von vorne oben niedergedrückt. Niedergehalten. Obwohl sie ging. Und es konnte nicht sein. Sie konnte nicht zu dieser Probe alleine gehen. Und absagen. Sie konnte nicht absagen. Konnte sie nicht einfach wegbleiben. Sie konnte nach Hause gehen und sich in ihr Zimmer setzen und nie wieder herausgehen. Nie mehr. Und niemand, der sie verstand. Sie sah ihn von hinten. Der Walter Knauer musste bei einer der Seitentüren aus der Kirche hinausgegangen sein. Oder an ihr vorbei. Sie hatte ihn übersehen. Sie hätte ihn übersehen können. Einen Augenblick war der Kopf leer. Vollkommen leer. Als wäre in ihn zu kippen. Sie hätte ihn versäumen können. Sie ging ihm nach. Lief. Ihn noch in der Pfarrgasse zu überholen.

29. Kapitel.

Was wird im Verstehen verstanden. Was wird im Verstehen hergestellt. Ist Verstehen eine Verbindung zu einem oder einer oder etwas anderem. Oder zu sich. Und ist dann in dieser Verbindung zu sich das Verstehen des oder der oder von etwas anderem enthalten. Oder bleibt das immer eine Vorstellung von Verstehen in einem Verstehen von sich. Stellt Verstehen so etwas wie einen Ort außerhalb von sich in diesem Verstehen her. Und trifft Verstehen sich also außerhalb. Ist etwas außerhalb, und woraus besteht ein solches Außerhalb. Kann ein solches Außerhalb ohne

167

ein übergeordnetes Archiv auskommen. Gibt es also eine anthropologische Invariante von Verstehen. So wie lachen und weinen. Oder sind Lachen und Weinen Verstehen. Sind Lachen und Weinen Sprachen des Verstehens. Stellt sich in diesem durch diese Sprachen hergestellten Außen Verständigung her. Und wie wird das gelernt. Kann das gelernt werden. Wird das gelehrt. Und wie.

29. Kapitel.

Houston. Der Himmel über dem swimming pool ist kreisrund vom Hotelgebäude eingefangen. Die Zimmertür zum Innenhof muss aber immer geschlossen bleiben. Aus Sicherheitsgründen. Und wegen der Hitze. Man bleibt besser im Kühlen. Die Luft der Klimaanlage ist nie nur da. Und zu atmen. Die Luft der Klimaanlage streift einen. Ein steter kühler Strom ist das. Immer zu fühlen. Aber immer wieder eine kleine Unfähigkeit wegen des Wissen-Müssens von dieser kühlen Luft, Atem zu holen. Bis wieder die Selbstverständlichkeit des Luftholens. Dann. Und wieder nichts gewesen.

Downtown liegt weit unten am freeway. Nach links versammeln sich Wolkenkratzer zu einer anderen skyline. Ohne Plan wüsste man nicht, wo. Autos. Baulücken. Schäbig. Steinig. Staubig. Die neugotische Kirche auf dem gepflegten Rasen eine Erinnerung an irgendein England. Die Häuser. Front lawn, porch and presumably a back yard. Niemand zu sehen. Alle in den Häusern oder in den gekühlten Straßen unter der Erde. Im Wehen der selbst gemachten Luft. Die andere. Die heiße. Die wird den homeless überlassen. Und. Die Fassade eines Wolkenkratzers beim Entlanggehen oder Dort-Sitzen ist auch nur eine Fassade.

Manche von den kleinen Häusern sind verlassen. Dann blättert die Farbe von den Wänden, den Fenstern und den Türen ab und es stapelt sich Gerümpel vor dem Garagentor. Sessel. Kübel. Kartons. Fetzen. Die Fenster sind staubverklebt und auf dem Rasen liegt Laub.

Die Rothko Chapel steht auf einer Wiese zwischen Riesenplatanen. Ein Pavillon. Hellgraubraun. Unauffällig. Ein Holztor. Die Fläche eines Achtecks. Angeschnitten. Im Dämmer innen ein Tisch. Informationsmaterial. Ein Gästebuch. Eine dicke Frau verwaltet das Gästebuch. Eine Querwand trennt von der Kapelle. Dämmrig und nur Flüstern. Heiligkeit. Also doch. Und ein Widerwille. Schon längst ein Widerwille gegen dieses Wallfahren. Gegen diese Pilgerfahrten zur Kunst. Gegen diesen Ton inniger Begeisterung, und immer dieser Raum gemeint. Und mit wem war er schon hier gewesen. Paraded it obviously in front of every person concerned.

Noch vor dem Tor einen Augenblick lang die Lust zu sagen, da nicht hineingehen zu wollen. Den Eintritt verweigern in angesagte Sensationen. Die Nötigung in Kunstereignisse. In die Bekehrung. Aufnahmerituale in die höheren Weihen des Kunstverständnisses. Und lieber auf die Bank gesetzt. Vor dem Haus. Draußengeblieben. Die Angst, es dann nicht verstanden. Die Sorge, keine Auskunft geben zu können über die Wirkung. Und versagt. Ungenügend zu sein, und doch immer alles verstehen können wollen musste.

Die Höflichkeit eines solchen Zurückbleibens nicht zugelassen. Selbstrettung in jedem Fall ein barbarisches Unternehmen und in den Gebrauchsanweisungen ihres Abendlandes nicht enthalten. Und ihm ja folgen wollte. Nachgehen. Und überholen. Und neben ihm tändeln. Und vorauslaufen. Und. Besser auf der Bank geblieben wäre.

Die Heiligkeit des Vorraums. Die Verärgerung und das Widerständige hochwallend, und gerne einen lauten Schritt getan. Die verflüsterte Stille zertreten. Aber wie mit Tennisschuhen die Herrschaft an sich zu reißen.

Also eintreten. In die Mitte treten. In die Mitte setzen. Lotussitz und nicht aufsehen und in einer endgültigen Heimat angelangt. Inmitten der Unmöglichkeit von Zeit und Sein und von Wirklichkeit angelangt und sofort das tiefe Grab und alles aufgefüllt.

Er die Bilder entlangging. Das Dickfarbige etwas zu ihm sagte. Zischte. Aber weit außerhalb.

Und wie sollte sie nun fortfahren in der Mitte dieses Denkmals des Nein in Atemnot über alles sich hinziehend. Wie so antwortlos der Frage gegenüber und wie nicht verstehen, es nicht zu überleben. Eigentlich. Und wie verstehen, den nächsten Atemzug dann doch, wenn das Gemachte so weit abgerückt vom Macher und wohl im Augenblick des letzten Handanlegens ihm selbst nicht mehr erreichbar. Wie das Gefühl, etwas gemacht, wie die Welt erschaffen und in der Vollständigkeit niemandem mehr zugänglich. Kein Golgatha imstande, es zurückzuerobern, oder die Söhne weggeben und die Töchter missbrauchen und in die Wüste schicken, weil das Ganze sich verschlossen und in der Einsamkeit des Rätsels nie wieder verständlich. Aber allen gehörend. Und sie sah keines der Bilder an. Zwei Tage später dann. Ganz nah. Dort, wo die Pinselstriche zu sehen oder zu vermuten, aber nie alles.

Grausam genug überall die Vorstellungen der Überwindung und der Hochfahrenheit in die Vorstellung von Göttern gerammt dargestellt sehen zu müssen. Unerträglich, es zugegeben zu finden. Davon umgeben zu sitzen. Zu wissen, der Endlichkeit ein Entkommen so lange eine Unfertigkeit, und der andere Trieb, der es vollenden und sich hinaufschwingen in diesem einen Augenblick beim Zurücktreten nach dem letzten Handanlegen, und wenn die Hand niedersinkt, schon wieder alles vorbei. Der Euphon wieder zu klingen. Verschlossen und preisgegeben. Ein Geheimnis, in dem jeder wird wühlen können. Ein Gott sich und gleich keiner und die Zeit darüber hin. Und nichts zu bleiben.

Hinausging. Gerne in ein anderes Leben gegangen wäre. Oder in keines. Den Mann verlassen, der rastlos um die Bilder gestrichen. Ihn in seinem Leben gelassen. Überlassen, ihm, der es gelernt und doch wohl zusehen kann, wie die Zeit eindringt und nichts weiß von Wehrlosigkeit oder dem Sickern.

Sie ging hinaus. Setzte sich auf eine Bank. Weit weg. Unter

einer Platane. Sie legte sich auf die Bank. Dalag. Irgendjemand. Und ohne Heimat. Sich sehnte, die Kraft zu haben, wegzugehen. Einen Flughafen zu erreichen und in ein Nichts zu reisen. Eine Irgendeine zu werden. Sich selbst nicht bekannt. Und niemandem.

Sie blieb liegen. Dalag. In den Himmel starrte. Die Platanenäste zackige Linien und Flecken vor die Wolken. Flugzeuge den Himmel querten. In regelmäßigen Abständen den gleichen Weg zwischen den Ästen und den Wolken nahmen. Es war immer schon diese Sehnsucht gewesen, die die Hand in der Schwebe und das Fallen nicht zugelassen. Und nicht aufstand. Und nicht ging.

29. Kapitel.

Wie wird Verstehen gesagt. Wie kann verstehen gesagt werden. Ist dieses stumme, stumm machende Gefühl des vollkommenen Verstehens die eigentliche Sprache. Ist das die Sprache, die sich in der Liebe eine Bresche schlägt. Die in Umarmungen ausbrechen muss, den Überschwang dieser Stummheit in die Welt zu reißen.

29. Kapitel.

in einem zimmer und in dunkelheit abgeglitten die wände und nicht erkennen konnte, aber sicher gewesen ein zimmer und vor sich in ein anderes eine tür und schräg dagestanden, weiß und glatt und weiß und glänzend wie wenn ein licht und das nächste zimmer ein grau und ungewiss,

auf der tür oben auf der schmalen kante eine katze, eine schwarz weiße katze und geduckt bereit zu springen ihm in die augen und

er dagestanden und nicht weg

festgewachsen der katze in die augen und die katze näher gekrochen bis an das ende der kante und einander in die augen und nur noch die augen

die augen der katze aufgeschlitzte dunkelgelbe vollmonde und riesengroß vor den eigenen und die lähmung seines festgewachsenseins von den gelben augen übergossen und unerträglich die katze an den rand vor und angelangt

noch einen augenblick einander in die augen und sie mit den augen von sich fernhalten und würgen hatte wollen und dann die katze auf sich zuschnellen und das kleine maul einen augenblick offen und die zähne und mit aufgerissenen augen die krallen und in die augen sich ein zu

er knapp bevor die krallen in seine augen nicht hatte schließen können aufgewacht war

29. Kapitel.

Gibt es viele Verstehen. Kann man oder frau sich ein eigenes Verstehen beibringen, oder ist Verstehen immer zuerst, weil es Verständigung sein muss, eine Komplizenschaft mit der Macht. Kann das Verstehen diese Komplizenschaft verlernen. Ist eine solche Komplizenschaft je verlernbar, und wo lagert sich diese Komplizenschaft dann an. Wie wäre ihr vollkommen zu entrinnen. Oder ist diese Komplizenschaft im Verstehen nur das Instrument des Verstehens, und Verstehen kann von der Komplizenschaft abgetrennt seine eigenen Kennzeichen hervorbringen.

29. Kapitel.

dagesessen war in einem der schweren altdeutschen sessel überall gestanden im warteraum und in ihrem zimmer und sie hinter dem schweren dunklen schreibtisch und nur ihren block auf den sie notizen und den kopf über den block gebeugt gehabt und er

172

zu ihr geredet und gewollt sie aufgesehen hätte und ihre augen
zu sehen gewesen und nicht ihre dunklen haare achtlose kurze
wellen von einem mittelscheitel weg und sie nicht aufgesehen
und keine eintragung auf ihren block

er vor sich hingeredet

und sich zurückversetzt

in das zimmer in der toscana und allein und das licht durch
die hohen fenster und alles auf den druck unter dem brustbein
zusammengeronnen und die bemühung das leben und an welchem Punkt das auseinander und das begreifen des nichts ver-
mögens und keine sekunde in verlust wenigstens die wiederholung der sinnlosigkeit ein bollwerk und das nichts mit farben
zu versehen und formen das leben zu leben sich nicht als abend-
füllend erwiesen gehabt und auch das auf und abgehen in der
toscana vom fenster auf den kamin zu und zurück und das bild
die landschaft hinter dem fenster ein schmales tafelbild und
dann nur noch und die landschaft

eine vor ihm ausgebreitete ruhe und der schmerz in der brust
manchmal von ihm und entfernte und im zimmer von dr
schmetterling die dämmerung und ein streifen himmel zwischen den dächern der häuser gegenüber und dem oberen rand
der fenster ein blasses blau und weiter geredet und auf die uhr
gesehen und gesagt er jetzt wohl besser und gehe

und dann beschlossen hatte

einfach nicht zurückzugehen

und von da eine weigerung in ihm angewachsen und ihn verhindert sogar sie anzurufen und noch monatelang den fixen be-
trag an sie von seinem konto abbuchen hatte lassen

und dann wieder auf den stubenring gegangen war

kalt gewesen und windig

und an der eingangstür kein schild von ihr und an der woh-
nungstür das namensschild ihres vaters angeschraubt gewesen
verschwunden und kein hinweis

vor der tür gestanden und die hände in den manteltaschen auf
die stelle gestarrt an der das schild sein hätte sollen und nicht

gewusst ob wahr oder nicht und ob er nun endgültig und sich dann doch abgewandt und weggegangen

die breite stiege sich am geländer festgehalten und aufgestützt schon auf dem stiegenabsatz und dem lauf des geländers folgend auf die innenseite der windung der stiegen geraten war und im schwindel das nichtfinden ausgelöst und von der enttäuschung überschwemmt kaum hinuntergelangen hatte können und den kopf weit vorgebeugt als wäre plötzlich kurzsichtig und versucht die engen kleinen stufen

und die zwei stockwerke dann doch hinuntergelangt und aus dem haus hinausgehen ihm ein letztes mal deutlich und in ein weinerliches denken daran und die zeit insgesamt nicht begreifbar und auf die marmorplatte gestarrt der gang von stiegenhaus zu eingangstor graue marmorplatten und zu beiden seiten schmale bänder von schwarz und bei jedem schritt ihm ein da nicht wieder hin und das helle licht vor dem haustor das elend um die kehle noch mehr und den weg nach hause zurück den ring wie immer nach einer sitzung und gegen den eisigen jännerwind und ein dünnblauer himmel über den kuppeln der museen die nackten zweige der kastanien in die höhe gereckt ihm das gehen jeder schritt als hätte eben erst wieder zu gehen begonnen nach einer langen krankheit und in die landhausgasse zurück der weg ihm endlos geschienen die wohnung warm mittlerweile der geruch gleich geblieben

und begonnen sie zu suchen

und zu hören bekommen

sie alles aufgegeben und nicht mehr in der klinik und aus wien weg, wahrscheinlich, doch niemand genaueres gewusst und erst ihre freundin ausfindig machen hatte müssen, kaum noch eine erinnerung an sie halb hinter der zimmerlinde an dem schreibtisch und nur bemerkt hatte sie immer gerade gesessen und ihre knie aneinandergepresst und sich beim warten in den frivoleren phasen das entsprechende gedacht und auch zu den zusammengepressten beinen und eine neigung zum frömmeln vermutet hatte und schon unter der zimmerlinde im ministerialrätlichen frühstückszimmer neat and prim sich vorstellen hatte können, wie sie sofort nach der ordination in einer der kleineren kirchen, wahrscheinlich nach st anna gegangen und eine kerze angezunden und den ganzen schmutz zu verbrennen hinter der doppeltür des arbeitszimmers wieder angehäuft worden und über diese kleine kerzenflammen purgatorien die augen wieder auf den altar zu richten gewagt und vergebung erbeten und nach einhalten der gebetsfrist sich dann eingebildet sie auch erhalten zu haben und die befriedigung darüber ein kleiner schauer

29. Kapitel.

Die Figur der Dr. Schmetterling in diesem Zitat aus einem frühen Text. »Mirrored exiles.« entstand etwa 1984. Es handelt sich um die Geschichte eines Mannes aus Wien, der sich zum Kontertenor ausbilden lassen will und dafür nach London geht. Er möchte bei einer bestimmten Gesangslehrerin da studieren. Dr. Schmetterling taucht in einer Erinnerung an Wien auf. In der Therapie bei Dr. Schmetterling geht es um seine Homosexualität und seine Unfähigkeit, einen Erben für den Steinbruch zu produzieren, der das Vermögen der Familie begründet. Die Figur der Dr. Schmetterling bleibt schemenhaft. Wird nur gestreift. Aufgebaut wurde sie auf einer mir damals nur flüchtig bekannten Therapeutin. »Mirrored exiles.« war mein drittes größeres Prosavorhaben. Nebenfiguren wurden da noch unverblümter an Realitäten entlang entwickelt. Auch Figurenbau muss erlernt und geübt werden. Die hinter der Literaturfigur verborgene Person wurde Jahre später eine Freundin. Der Roman blieb in der Lade.

Ist längst vergessen. Bei der Suche nach einem anderen Manuskript fielen mir die zitierten Seiten in die Hände. Und in einem E. T. A. Hoffmann'schen Augenblick abgrundtiefen schreckensvollen Verstehens stellt ich fest. Es ist alles so gekommen, wie vor Jahren geschrieben. Die Person ist genauso verschwunden wie in dem Text. Ohne Ankündigung. Ohne Auskunft. Wir vermuten sie in Canada. Keiner weiß das aber genau. Und die beiden Namensschilder sind abgeschraubt. Die unversehrte Wandmalerei mit den Schraubenlöchern darin ist über ihrer Klingel zu sehen.

29. Kapitel.

Warum verstehe ich so vieles erst, wenn es vorbei ist. Warum verstehe ich von Personen so viel mehr, wenn ich sie kaum kenne. Oder wenn sie nicht mehr da sind. Warum verstehe ich mich selber erst, wenn alles vorbei ist. Warum verstehe ich Situationen oft erst, wenn sie abgeschlossen hinter mir liegen. Beruht Verstehen auf Erinnerung. Ist Verstehen Erinnerung. Was hat Verstehen mit Erinnerung zu tun.

29. Kapitel.

Wieso weiß der Körper so viel vom Verstehen. Wieso ist das Verstehen im Körper spürbar. Ist Verstehen in Sinnlichkeiten gespeichert. Und ist Verstehen dann auf etwas oder jemanden anderen bezogen, darin eine Erfassung von sich selbst.

29. Kapitel.

sie ging die rosensträucher entlang, schnitt die abgeblühten köpfe ab, ließ die blütenblätter liegen und beobachtet wieder die geräusche außerhalb, in denen sie ihn vermutete, und ungleich zwischen ihr und allem alles lag eine entfernung, die ihr den überblick ermöglichte und die vielen in der entfernung möglichen raschen utrteile, die die entscheidung in die große resignation in das nichts ergeben hatten, geradlinig und genau, und die klarsichtigkeit hat vom hohen berg aus das größte ausmaß, ging inmitten der hügel des binnenlands verloren, auch auf dem gip-

176

fel eines hügels immer weiten und die folgende hügelkette, die weiten so, als könnte der mittelpunkt in der mitte liegen, nicht zu finden und dann vielleicht hinter dem nächsten, und den hügel hinauf ständig umwendend, die hände auf dem rücken ineinandergelegt und den oberkörper gegen die neigung des hügels gelehnt, schon als kind hügel anstrengender als steil, mit dem ganzen körper, nicht nur die beine steigend und der oberkörper gelehnt, bei der großmutter, milch holen und die kleine straße den hügel hinauf, hinter dem das haus, hinunter mit kleinen hüpfern, die milchkanne schlenkernd, die steine unter den sandalen, klein und spitz, darüber weg, aus dem dunklen schweren stall die volle milchkanne, verschlossen, genauso aussehend wie beim hinunter, aber den arm lähmend, das hüpfen verbietend und die beine stapften den hügel an und der arm mit der milchkanne schwer und leblos hinab, in den boden, am großen kreuz vorbei bei dem eine urgroßmutter mit einem urgroßvater vom blitz erschlagen, wurde die schwere unerträglich und auch das wechseln konnte nicht helfen und bald nach dem kreuz kam das erste den kopf heben und abmessen, wie weit es noch hinauf und bäume auf dem hügel den himmel begrenzten, himmelblau und wölkchen, unberührt von entfernung und oben und unten, himmelblau, hinter den baumkronen, dunkel vom schweren grün, himmel und blau, und dann der gedanke, eigentlich eine vorstellung, dass es nicht mehr weiter ging, dass sie hinaufgehen würde und durch die baumkronen hindurch auf dem himmel weiter und weiter und ihre welt, ihre zugehörigkeit, hinter dem himmelblau verschwunden wäre und nie mehr.

29. Kapitel.

Dieser Text ist irgendwann in den 70er Jahren geschrieben. In Erinnerung ist mir noch das Glück des Vollkommen-in-diesem-Text-Seins. Beim Schreiben. Beim Schreiben war mir wohl alles, was ich schrieb und was ich war, verständlich. Im Text finde ich das nicht mehr. Das, was ich damals verstanden habe, das ist dem Text nicht mitgegeben worden. Das liegt wohl auch daran, dass es in diesem Text keine ausgeformte Autorinstanz gibt. Dass es direkt aus der Person, die schreibt, gesagt worden ist. Es kann diesen Text also nur diese eine Person verstehen. Diese Person gibt es so, wie sie in dem Augenblick des Schreibens gewesen war, nicht mehr. Die Flüchtigkeit dieses So-Seins ist in der Flüchtigkeit der Bedeutung dieses Texts beschrieben. Das Verstehen ist nicht nach außen gewendet in den Text eingelassen, so dass im beschriebenen Selbst-Verstehen ein Nachlesen dieses Verstehens möglich ist. Dieses beschriebene Selbst-Verstehen wird einerseits durch eine Autorinstanz hergestellt. Durch eine klare Richtung, die den Blick auf das Beschriebene lenkt. Gleichzeitig wird das Selbst-Verstehen in den Text versenkt. Das Verstehen dessen, was gerade geschrieben wird, muss für die schreibende Person so vollkommen sein, so umfassend, dass es als Hohlform auftritt, als leere Stelle, um die sich der Text gruppiert. Eine leere Leerstelle muss das sein. Leer im Gegensatz zur aufgeladenen Bedeutungsfülle der Leerstelle, die das Patriarchat sich zur Aufbewahrung aller die Macht herstellenden Sinneinheiten schafft. An dieser Nicht-Stelle findet die Übergabe des Texts statt. Man könnte diese Stelle auch Geheimnis nennen. Eine Leerstelle von Verstehen, die vom Leser und der Leserin aufgefüllt werden muss. Mit allem, was für den Leser oder die Leserin an Verstehen möglich ist. Für mich, als Schreibende, schließen sich die Texte. Ich kann die Situation des Verstehens beim Schreiben nicht mehr nachvollziehen. Ja, oft nicht einmal erinnern. Ich kann einen Text noch etwa ein halbes Jahr auswendig und dann versinkt dieser Text. Wird ein fremder und muss dann von mir ebenso als Leserin entschlüsselt werden. Ist mir anders nicht zugänglich. Es scheint mir eine inverse Transformation notwendig, die das Verstehen und Wissen, das sich immer nur am Eigenen messen und entwickeln kann, in ein quasi-reales, an ein Innerhalb-Außerhalb geliehenes Verstehen wandelt, das in den Text eingelassen, ein Lesen des Texts überhaupt ermöglicht.

Da dieses Verstehen nur in diesem einen Augenblick beim Schreiben zugänglich sein kann, findet Lesen über einen künstlich geschaffenen Weg zwischen Nicht-Verstehen und Verstehen statt. Im Idealfall. Jedenfalls. Findet sich der Hohlraum hinter den Worten. Bilden die Worte in ihrer Anordnung von Bedeutung und Form einen solchen Leerraum, kann beim Lesen die Strecke von Nicht-verstehen-Können zu Nicht-Verstehen zu Verstehen zurückgelegt werden. Und unter Umständen versetzt das den Leser und die Leserin in ein parallel geführtes Glücksgefühl und das Entsetzen von Verstehen. Das insgesamt gefangen nehmende Glücksgefühl und Entsetzen des Schreibens ist mit dem Festlegen der eigenen Stimme in Schrift verloren. Für längere Texte muss der Kontakt mit diesem besonderen Raum aufrechterhalten bleiben. Künstlich. Ich nehme an, dass das die wirkliche Anstrengung des Schreibens ist.

29. Kapitel.

Warum geht Verstehen verloren. Warum geht der Zustand des Vollkommen-Gefangenseins im Verstehen von etwas oder jemandem verloren. Verschließt sich. Und warum fügt Verstehen sich nur manchmal in Erkenntnis um. Und ist die Vorstellung eines anderen Voraussetzung. Oder ist Verstehen ein Zustand dazwischen. Und in Schwebe. Ist Verstehen schwerelos halb außerhalb halb innerhalb.

29. Kapitel.

Warum verstehe ich Gewalt so viel besser als Sanftmut. Warum Krieg so viel besser als Frieden.

Unzustellbare Briefe. Unzugestellte Briefe.

Astoria, 23. April 1855.

Mein lieber Sohn.
Ich finde, du solltest dir das alles noch einmal gründlich überlegen. Ich will dir sicherlich nicht in deine Berufswahl hinein-
reden, aber ausgerechnet deinen Onkel als negatives Beispiel
dafür zu nehmen, was ein Rechtsanwaltsdasein aus einem Menschen machen kann, das finde ich nicht berechtigt. Jedenfalls
nicht in der Form, wie du das beschreibst. Ich weiß, dein Onkel
ist nicht das beste Beispiel für tätige Nächstenliebe. Aber wer
von uns ist das. Hast du dir einmal überlegt, dass es auch eine
Scheu gibt, sich mit diesen guten Werken in das Leben von anderen Menschen einzumischen. Bei deinem Onkel halte ich es
mehr für einen Fall dieser Zurückhaltung aus Unsicherheit als
aus Neid oder Geiz. Ich weiß, man kann deinen Onkel einen
langweiligen und trockenen Menschen nennen, und er scheint
nur am glatten Funktionieren seiner Geldgeschäfte interessiert
zu sein. Manche Leute würden deshalb sagen, dass er unmensch-
lich sei, aber sogar darin ein wenig beschränkt. Ich kann dazu
nur sagen, dass ich ihn auch anders kenne. Natürlich ziehe ich
bei einer solchen Beurteilung die Kindheit mit hinein. Aber wie
sollte ich vergessen, dass man einander zu Beginn gekannt hat,
und im Geschwisterlichen hat dein Onkel sich nie nachlässig gezeigt. Dass er dir ein Studium finanzieren will, hat sicherlich damit zu tun, dass er keine Kinder hat. Aber wenn er so engherzig
wäre, wie du ihn aussehen lässt, dann würde er doch nicht eine

solche Verpflichtung eingehen wollen. Das ist es auch, was sich an ihm nicht verändert hat. Er war immer ein zuverlässiger Mensch. Er war immer und schon als Kind zuverlässig und sicher. Man konnte sich immer auf ihn verlassen. Er strahlt eine Zuverlässigkeit aus, die seine Klienten an ihm schätzen, und deswegen wird er auch von den Mächtigsten gelobt. Aber das musst du nicht gegen ihn halten. Seine Zuverlässigkeit verliert doch nichts, weil die Mächtigsten sie auch erkannt haben, oder bist du mittlerweile der Meinung, dass das eine parteiische Zuverlässigkeit sei. Ich kann dir versichern, dass das nicht der Fall ist. Dein Onkel möchte für alle zuverlässig sein. Gut. Ich gebe zu, er macht sich abhängig von der Meinung der anderen. Er ist auf seinen Ruf bedacht und lässt sich deswegen in Entscheidungen drängen. Aber die kalte Unmenschlichkeit, die du ihm vorwirfst, die kann ich nicht finden. Wenn er doch lieber aus seinem Büro auszieht, als das Problem mit diesem Angestellten zu bewältigen. Das zeigt doch nur seine Hilflosigkeit in menschlichen Dingen. Da ist er halt ein Mann seiner Generation. Dein Onkel wird Gutes immer nur dann tun, wenn es sich so irgendwie ergibt. Das macht ihn nicht zu einem hervorragend guten Menschen, so wie wir das alle nicht sind, wenn wir das Gute genauso auf uns zutreiben lassen wie das Schlechte. Aber diese Versäumnisse beschreiben ihn höchstens als einen nicht sehr ausgeprägten Menschen und als einen Zögerer. Ganz sicher ist er nicht der Schurke, den du in ihm sehen willst. Ich gebe dir Recht, dass die Welt ungerecht ist und dass dein Onkel nicht viel getan hat, diese Ungerechtigkeit zu verringern. Er hat es sich immer zu leicht gemacht, aber in dieser Ehrgeizlosigkeit liegt ja auch eine Selbstbeschränkung. Jedenfalls hat er die Welt nicht weiter in den Ruin getrieben, wenn er sich dem Ruin auch nicht in den Weg geworfen hat. Das Ganze hat auch damit zu tun, dass dein Onkel ein Junggeselle geblieben ist. Immer nur in der Gesellschaft seiner Kollegen und seiner Angestellten zu sein, das hat keinen mildernden Einfluss. Er hat sich ausgeschlossen, und das, was du trockene Pflichtbesessenheit nennst, das ist ganz einfach mönchische Einsamkeit und eigentlich ein Grund für dein Mitgefühl. Überlege dir deine Wahl gut. Du wirst ein ganzes Leben mit der von dir gewählten Beschäftigung verbringen müssen, und wenn du dir eine bessere Welt wünschst, wie besser wäre sie zu erreichen, als durch das Recht. Nimm deinen Onkel nicht als das schlechte Beispiel, als das du ihn sehen willst. Ich weiß ganz sicher, dass er zumindest nie gehandelt hat, ohne sich nicht alle möglichen Gedanken gemacht zu haben, und vielleicht erscheint er dir ja gerade deswegen so trocken und gefühllos. Du musst dich nicht in das Rechtsstudium gedrängt fühlen, weil er Anwalt ist, aber du musst deine Entscheidung auch nicht deswegen gegen diese Ausbildung fällen. Er hat jedenfalls versichert, sich in deine Entscheidung nicht einmischen zu wollen. Ich muss mich ihm sehr zu Dank verpflichtet sehen. In den nun doch bedrängteren Umständen, in die ich geraten bin, könnte ich die Kosten für eine so kostspielige Ausbildung nicht so ohne weiteres aufbringen, und du solltest ihm auch dankbar sein. Er setzt doch damit gerade das Beispiel für Wohltaten, das du so an ihm vermisst. Ich wäre sehr froh, könntest du dich in sein Vorhaben bescheiden. Ich wüsste dich besser versorgt, als ich das jetzt wissen kann. Das wäre mir in meiner Lage eine große Beruhigung, und ich bitte dich, das in deine Überlegungen einzuschließen. Ich hoffe, dieser Brief erreicht dich, bevor du mit Richard nach Washington aufbrichst. Lass die Eltern von Richard grüßen. Ich danke ihnen, dass sie dich bei sich für die Ferien aufnehmen. Bedanke dich für alle erwiesenen Wohltaten und steh immer gleich auf, wenn eine Dame das Zimmer betritt, und gib Acht, wenn du dich erhitzt hast. Im Sommer wird es mit meinem Husten besser sein, und dann kommst du wieder nach Hause und zeigst mir, was euch der Tanzlehrer beigebracht hat. Gott segne dich.

Deine dich liebende Mutter.

New York, 22. April 1853.

Liebe Elsbeth,
ich kann dir nur ganz kurz schreiben. Bei uns ist alles wie immer.
Der Vater hat wieder zu viele Aufträge und wir arbeiten Tag und
Nacht. Du weißt ja, wie das immer ist. Einmal gibt es alle Aufträge und dann wieder so lange keinen einzigen. Der Vater muss
alles annehmen, was er bekommen kann, und wir müssen es aus-
baden. Aber wir sind natürlich froh. Der Zimmerherr. Dieser
Bartleby. Der ist nämlich einfach weggeblieben, und so hatten
wir diese Einnahme auch nicht und es gab kein Schmalz mehr
über die Kartoffel. Die Mutter ist aber froh, dass er weg ist. Ihr
war das nicht geheuer, wie der still war. Du hast ihn ja nicht
mehr erlebt. Er war der praktischste Mensch, den du dir vorstellen kannst. Er ist in sein Zimmer gehuscht, wenn es finster war,
und kam heraus, wenn es gerade hell wurde. Wir haben die ge-
polsterten Stühle nun doch verkaufen müssen, und er hat nie
geklagt, auf den hölzernen zu liegen. Für den Kopf gibt es das
Sofa noch, und er hat sich immer sein Wasser selber geholt. Der
dicke Bügler vor ihm, der hat das immer von mir verlangt, und
dann hat er auch noch getrunken. Elsbeth, ich vermisse dich so.
Die Mutter ist auch nur trübsinnig. Ohne dich können wir es
uns nicht mehr lustig machen. Aber wenn du glücklich bist,
dann ist ja alles gut. Ich wollte, ich wäre auch schon verheiratet.
Die Mutter schaut die Zimmerherren, die so kommen, nur danach an. Aber das möchte ich nicht. Den kennt man ja dann
schon so genau in seinen Gewohnheiten. Dieser Bartleby hat
keine Schulden hinterlassen, und deswegen hat ihn die Mutter
auch nicht suchen lassen. Aber jetzt müssen alle unbedingt vorher zahlen. Sie will nicht wieder enttäuscht werden, dabei hat sie
ihn ja nicht gemocht. Die Kragen sind heuer ganz hoch zum
Kinn und werden mit schwarzen Litzen eingefasst. Das ist sehr
edel. Schreibe bald.
    Deine dich liebende Schwester
    Katie

Einladung zur Buchpräsentation.

Am 23. April 2004 wird um 17.00 Uhr in der Buchhandlung Strand Books die Biografie von John Jacob Astor vorgestellt. Richard Bermann hat in diesem Buch dem Leben eines der wichtigsten Philanthropen des 19. Jahrhunderts nachgespürt. Unter dem Titel »John Jacob Astor. Der Philanthrop und der amerikanische Traum als Kultur« findet sich das faszinierende Leben des reichsten Mannes seiner Zeit als Beispiel und Vorbild. Der Autor analysiert die Rolle des Philanthropen als besonderen amerikanischen Weg in der Vergangenheit und zieht Schlüsse für die Zukunft. Der Autor wird aus seinem Werk lesen und signieren. Der Eintritt ist frei.

An Stephen Henriksen, 1234 Sunset Boulevard, East Hollywood, Los Angeles. Der Adressat ist unbekannt verzogen. Kein Absender.

Stephen,
und sagst du Nein, fühlst du dich richtiger im Nein. Schwerer wäre es. Gewichtiger. Das Gewicht, und könnte die andere Waagschale nie nach und mit dem Ja die Schwere des Nein aufzufüllen und bedenkst du nicht, dass dein Nein zu unserem Nein wird, zu einem gemeinsamen, dass du mich mit einmauerst in dein Nein, und sollten wir doch nicht ein Nein oder ein Ja sein und nicht die Waagschalen, sollten wir doch das Zünglein an der Waage sein, das, von den Neins und den Jas geneigt sich von den Neins und Jas entledigt, beruhigen kann, und überhaupt wollte ich die Waage sein und überhaupt nur sein und nicht in ein Nein oder ein Ja zertrennt werden, ich wollte auch noch ein drittes Sein als das sein, das dann nur auch nicht sein kann, ich wollte, wir könnten in Farben leben und dieses Schwarz und Weiß hinter uns lassen, aber hast du nun Nein gesagt und die Waagschalen gesenkt, und gestiegen bin ich mit meinem Ja allein und getrennt, ach so getrennt von dir und unserer Liebe fällt meine Liebe über mich her, und werde

ich gehen nach deinem Nein, mit meinem Ja toben in mir, und hättest du mir nicht einen Augenblick schenken, hätte ich den dann gehabt, und wäre der, meinem Ja zugerechnet, aufgegangen und eine Begleitung in der Zeit, aber hast mein Ja in einen Schmerz verwandelt und eine Scham, gegen die Schwere dein Nein eine Leere in schmaler Gestalt, ein Gespenst der Schönheit, und mein Ja ja in dein Nein vergewaltigt, in Fette und Schwere dahinleben muss nun ein Leben entlang und sich nähren und brüderlich nicht war, denn wenn nur das eine oder das andere, dann keines, und sich aufzwingt, wir sollten in milderem Licht sein als bei Tag oder Nacht.

Emily.

An William Bartleby, 53 Orchard Street, Lower East Side, New York. Der Adressat ist unbekannten Aufenthalts.

22. September 1852.

Sehr geehrter Herr Bartleby,
Kingston, Duttweiler, Shuster und Kauffmann erlauben sich, sie einzuladen, in unserem Büro vorzusprechen. Wir haben Ihnen eine für Sie vorteilhafte Mitteilung zu machen.

Henry Christie für Kingston, Duttweiler, Shuster und Kauffmann

Agnes Gurski, 233rd Main Street, Paris, 50897 Wyoming.
Falscher Zipcode, nach Paris, Illinois, Adressatin da unbekannt.

Meine liebe Agnieszka,
ich schreibe dir nur ganz rasch. Ich will dich da auf ein Buch aufmerksam machen. Mein laptop ist von diesem Netsky-Virus vollkommen verseucht und hat sicher auch noch Würmer. Du

weißt ja, wie ungern ich mich da auskenne. Wir haben aber schon einen Termin beim Computerdoktor, nur mag ich jetzt nicht mailen wegen der Infektionsgefahr. Aber Wichtigeres. Wie geht es dem kleinen Leo. In dem Buch, das gerade ein Bestseller bei euch da drüben ist, geht es natürlich um die Frage des Willens. Muss dieser unbändige Willen der Zornphasen gebrochen werden. Ist Sozialisierung nur diese Verletzung entlang möglich. Ja, sind diese Verletzungen Voraussetzung einer Ich-Entwicklung, oder muss dieser Wille unversehrt gefördert und vorsichtig in dieses Korsett der Sozialisierung umgegossen werden. Wir haben natürlich Unverletztheit versucht bei euch, und das ist ja gut gegangen. Irgendwie. Ich habe damals nur die Erfahrung gemacht, dass ohne volle Gleichberechtigung zwischen Eltern und Kind auch die Unversehrtheit eine Verletzung sein kann. Und das alles muss man nun ja immer neu lernen. Der Autor in diesem Buch will wieder in diese alten Grenzen zurück. Was sagst du dazu. Ich glaube ihm das ja nicht. Der Mann ist ein veritabler oldie und wirft den Müttern vor, dass sie nicht funktioniert haben, und will, dass sie zu Hause bleiben, um zu funktionieren. Jetzt ist der backlash also wieder bei den von den gesellschaftlichen Zusammenhängen entkoppelten Müttern angelangt, die es demnächst wieder falsch gemacht haben werden, wenn sie nicht zu Hause die Kinder und sich so lange depressiv trietzen, bis der Vater wieder alle wunderbaren Gründe hat, besoffen in seine Heimhölle zurückzukehren und alle kräftig zu prügeln. Natürlich sind solche Bücher die direkte Folge dieses scheußlichen Kriegs, und man hasst Bush gleich noch viel mehr. Kann man diesen Mann nicht auf seine Ranch sperren, wenn er schon eine hat. Ich finde es schon erstaunlich, dass du mit dem kleinen Leo mit denselben Problemen zu kämpfen hast wie wir damals. Jedenfalls wollte ich, dass du weißt, in welcher Umgebung du dich da jetzt befindest. So atmosphäremäßig. Maile du mir. Ich möchte auf jeden Fall alle neuen Fotos von Leo haben. Lasst es euch ganz besonders gut gehen und seid umarmt,

eure veraltete Tante Sidi.

Frau Grete Winter, 225th W 17th Street, New York.
Adressatin unter dieser Adresse unbekannt.

Wien, 14. März 1945.

Mutter,
wegen schon lange bestellter orthopädischer Stiefel war ich in
Neulengbach gestern. Soviel ich weiß, ist meine Einheit von den
Russen aufgerieben, und ich müsste mich in der Maria-There-
sien-Kaserne melden. Es ist also ein Zufall, dass ich dir noch diesen Brief schreiben kann. Ich wollte, ich könnte dir und dem
Kleinen all das Schreckliche ersparen, das noch vor euch liegt.
Ich hoffe, ihr seid da halbwegs in Sicherheit und es wird euch
der Hass gegen uns nicht zu sehr treffen. Ich danke dir für alles,
was du für mich getan hast. In mir ist eine große Ruhe. Jetzt ist ja
alles vorbei, und ich gehe auch in eine Neue Welt, und irgendwann werden wir einander da wieder sehen. In Gottes Namen
    dein Sohn Rudolf

Prof. William Landhurst, English Department, University of
Chicago, Chicago, Illinois, USA. Der Empfänger ist unter dieser
Adresse unbekannt.

Urbana, 26. Juni 1996.

Sehr geehrter Herr Professor Landhurst,
auf Ihre Anregung hin habe ich die Sekundärliteratur zu Her-
man Melvilles »Bartleby the Scrivener. A Story of Wall-Street«
durchgearbeitet. Zuerst einmal erscheint mir diese Sekundärliteratur fast ausschließlich von einer kanonimmanenten quasi-bio-
grafischen Lesehaltung bestimmt zu sein, in dem Sinn, dass der
literarische Text unwissentlich selbstbiografisch gelesen wird,
dem Leser also unwissentlich approbiert in der Form, dass der

Autorinstanz Teilstrukturen entzogen werden. In vielen Fällen wird das Ende Bartlebys ganz einfach dem Ich-Erzähler angerechnet. Der Ich-Erzähler wird so personalisiert, personal aufgefasst und nicht als ebenso auf die Autorinstanz Melville zurückführende Erfindung. Die Frage wirft sich auf, ob in der zwar unterschiedlichen, aber doch immer in der Kodierung des hegemonialen Literaturcodes verbleibenden kritischen Benutzung der Figur des Bartleby wirklich Kritik möglich ist. Ob also kanonimmanente Kritik Kritik ist. Die meisten der von mir aufgefundenen Lesarten verwandeln den Text in eine Quasi-Theateraufführung. Die dialogischen Erzähleinheiten verleiten dazu und stellen ja eines der großen Probleme der Prosaerzählung dar. In einer mit Hilfe dieser Quasi-Theateraufführung hergestellten Kritik werden dann aber alle Probleme der inversen Transformation eines hier literarisch-realen Texts zu einem quasi-realen, in der Figur durch einen realen Schauspieler repräsentierten Bühnentext schlagend. Diese Problemkette findet aber keinerlei Bearbeitung. Damit werden alle im Text durch den Ich-Erzähler eingebauten Perspektiven außer Kraft gesetzt. In einem Umkehrverfahren wird dann der Ich-Erzähler zur real handelnden Figur einer Quasi-Bibelinterpretation, wenn, von einer unschuldigen Jesusfigur im Text ausgehend, moralische Hierarchien von außen eingetragen werden. Der literarisch hergestellte besondere Raum wiederum wird von der Philosophie in ähnlich theatraler Weise besetzt. Am Satz des »I prefer not to« wird der Übergang von der Potenz zum Akt, zur Verifizierung eines Kontingenten nachgewiesen, in dem immer auch die Nicht-Verifizierung gekennzeichnet ist. Während aber für die Philospohie das »Es hätte sein können« immer Vergangenheit ist, bleibt dieses »Es hätte sein können« in der Literatur immer Gegenwart. In der besonderen Auswahl im literarischen Text ist die Nicht-Auswahl aller anderen Möglichkeiten immer je gegenwärtig in der Erfundenheit des Texts. In seiner Gesetztheit. Ja, Literatur ist solche Gegenwart, und damit ist der Gebrauch der Literatur in Philosophie außerliterarisch und ebenso die Literatur zur schon fragmentarisch interpretatorischen Bühne machend wie die biografische Lesart. Die Bearbeitung der Sekundärliteratur über »Bartleby, The Scrivener« zwänge mich nun selber in eine weitere Kurve dieser inversen Transformationen des Texts. Um also zu einer Wörtlichkeit des Lesens zurückzukehren, möchte ich als neues Thema meiner Diplomarbeit vorschlagen, die Rolle der Farbe Grün in diesem Text zu erforschen. Die Frage nämlich, ob dieses Grün zweidimensional oder räumlich gebraucht wird und welche Bedeutung es haben kann, dass Bartlebys Tod auf dem einzigen Flecken Natur in der sonst ausschließlich steinigen Welt von Südmanhattan stattfindet. Ob also der Tod Bartlebys damit außerhalb der Perspektive des Ich-Erzählers gerät. Ob im besonderen Raum der Erzählung noch einmal ein besonderer Raum eröffnet wird, der dann Bartleby wirklich dem Ich-Erzähler mit Hilfe des Ich-Erzählers entzieht. Ob dieses Grün also das Grün des Grases ist und außerhalb. Oder ob es sich um das Grün des Paravent handelt und als beschreibendes Element den toten Bartleby damit nur auf einen vertikalen Paravent legt. Ich hoffe, Sie können sich diesem Thema einer Diplomarbeit anschließen. Ich hoffe bald von Ihnen zu hören und verbleibe mit dem besten Grüßen

Emma Balantschik.

Nachweise

Vom Leben der Hamster in Schuhschachteln.
Samuel-Fischer-Gastprofessur für Literatur am Seminar für
Allgemeine und Vergleichende Literaturwissenschaft der Freien
Universität Berlin, Wintersemester 2001/2002.

Berufung. Erleuchtung. Bekehrung. Heiligung. Ordo salutis.
Mosse-Lecture an der Humboldt-Universität Berlin, 28. Juni
2001.

Wo vom Krieg gesprochen wird, da ist Krieg. I.
Brüder-Grimm-Professur der Universität Kassel, 14. Mai 2003.

Wo vom Krieg gesprochen wird, da ist Krieg. II.
Vortrag in der Reihe »Psychoanalyse in der Literatur – Literatur
in der Psychoanalyse« im Literaturhaus Frankfurt am Main,
25. Juni 2003

Aus dem Zauberland des Patriarchats.
Vortrag beim 27. Kongress »Frauen in Naturwissenschaft und
Technik« an der Technischen Universität Wien, 24.-27. Mai 2001.

Haben. Sein. Und werden. Eine Predigt.
Eröffnungsrede zum »steirischen herbst« 2000, 6. Oktober 2000.

Totenkultmythen.
Vortrag im Rahmen der Ausstellung »Erst wenn einer tot ist, ist

er gut« des Kunsthistorischen Museums (Österr. Theater-museum) Wien, 13. November 2002.

Männer. Träume. Schäume.
Vortrag beim Veranstaltungszyklus »Die ›österreichische‹ natio-nalsozialistische Ästhetik« in Wien, 4. März 2002.

Doderer lesen.
Vortrag im Rahmen der Ausstellung »Die Teile und das Ganze. Bausteine der literarischen Moderne in Österreich« im Deut-schen Literaturarchiv/Schiller-Nationalmuseum in Marbach am Neckar, 22. Oktober 2003.

Verstehen. Nicht verstehen.
Literatur-Performance auf der Seminartagung »Kultur nicht ver-stehen« der Universität Zürich, der Hochschule für Gestaltung und Kunst Zürich und dem Schweizerischen Institut für Kunst-wissenschaft in Zürich, 8. November 2003.

Unzustellbare Briefe. Unzugestellte Briefe.
Literatur-Performance im Rahmen der theatralen Installation »Belagerung Bartleby« im Hebbel-Theater Berlin, 23. April 2004.

Inhalt